MÉDITER AVEC LES ANGES

MARIA SCHMITT

Méditer avec les anges

33 méditations guidées pour petits et grands

ÉDITIONS CONTRE-DIRES
19, RUE SAINT-SÉVERIN
75005 PARIS

Titre original : Engel-sprechstunde

Traduit de l'allemand par Claude Dhorbais
ISBN : 978-2-84933-230-6

SOMMAIRE

REMARQUE IMPORTANTE

Les méditations de ce livre et les explications relatives aux divers procédés thérapeutiques alternatifs et holistiques ne remplacent pas les thérapies et traitements prescrits par votre médecin ou votre naturopathe. Les informations et méditations qui sont mises ici à votre disposition ont pour but de vous soutenir sur votre chemin vers la détente, la connaissance de vous-même et vers le développement de votre personnalité. L'auteur et l'éditeur déclinent toute responsabilité pour les dommages de toutes sortes qui pourraient survenir du fait de l'utilisation du contenu de ce livre et du non-respect de la présente mise en garde.

Ma grand-mère n'a pas eu une vie facile. Sa vie a été marquée par beaucoup de souffrances et de douleurs. Elle a trouvé la consolation dans la prière et dans l'amour de la Mère de Dieu. Dans les dernières semaines de vie, elle me disait encore : « La Mère de Dieu ne m'a jamais encore laissée tomber. »

Je dédie ce livre à ma mamie, qui m'a précédée dans la confiance et dans la foi en Marie, Mère de Dieu.

Mamie, je te remercie, je t'aime, où que tu sois. Dieu te protège.

Introduction

Vieste, sur le chemin
de San Giovanni Rotondo, 17 mai 2005

« … chacun chemine sur le sentier de sa vie. Il s'agit de surmonter des obstacles et de vivre des aventures. Chaque être humain suit sa propre voie, particulière. Ce chemin est caractérisé par des lignes droites, des virages, des détours, des raccourcis et des pattes d'oie. Parfois, il est pierreux, escarpé ou montagneux et parfois il est aisé à parcourir. Sur maint tronçon, nous avons des accompagnateurs, et sur d'autres nous sommes apparemment seuls. Mais ce n'est qu'apparence, car des aides invisibles nous accompagnent, et notre Ange Gardien est toujours à nos côtés. Il marche sur le chemin avec nous, nous aide à faire face à nos aventures et à transformer en sagesse les expériences qui en résultent, par l'amour, la connaissance et la compréhension… »

C'est à peu près ce qui est écrit dans mon journal de voyage. Ce sont les parties d'un rêve qui a été pour moi très important. J'ai d'abord pensé que ces lignes, nées de mon rêve, seraient merveilleuses pour un cheval de course ou pour organiser un séminaire avec deux amies. Mais je sais maintenant qu'elles devaient servir d'introduction à ce livre.

Après avoir fait beaucoup de pas sur ma propre voie et effectué de nombreux détours dans les formations et séminaires les plus divers, à visées spirituelles, en Allemagne, en Angleterre et en Suisse, j'étais maintenant revenue aux croyances de mon enfance. Grâce à ma grand-mère, il m'apparaissait clairement que j'avais négligé la religion acquise par ma naissance, la foi de mon enfance, mon amour pour la sainte Mère de Dieu, pour les anges et pour Dieu, le Père Céleste, qui m'aime telle que je suis. Je pris conscience du fait qu'il n'est pas nécessaire d'aller loin pour trouver des réponses aux nombreuses questions que la vie apporte avec elle. Les réponses à toutes mes questions, je les trouve dans mon cœur ! C'est dans le cœur de tous les hommes que Dieu a élu domicile sur la terre !

Mais comment puis-je aider un maximum de personnes à découvrir l'amour de Dieu en elles-mêmes ? En essayant de leur ôter la peur des anges de Dieu, et ainsi la peur d'un Dieu répressif et vengeur. Car Dieu, en tant que père, nous aime tels que nous sommes. Il voit le vrai cœur en nous et sait qui nous sommes véritablement !

Les premières méditations écrites par moi-même

Une amie (je l'appellerai G.) organisa un séminaire sur les anges à l'intention des enfants. Le groupe était constitué d'enfants âgés de six à onze ans. C'est pour ce séminaire que j'ai écrit la méditation sur l'Ange Gardien. La réaction des enfants fut tout simplement renversante ! À l'issue de la méditation, ils racontèrent avec vivacité et joie ce qu'ils avaient ressenti et perçu par leur œil intérieur. Ils peignirent de merveilleuses images d'anges et eurent l'idée d'ouvrir un dossier sur les anges, dans lequel ils rangèrent tout ce qu'ils purent trouver sur eux. Un jeune de onze ans préféra venir au séminaire suivant, et pour cela laisser tomber son groupe de jeunes. Bravo ! Ce fut pour nous une réussite totale.

À la rencontre suivante vint en plus une petite fille de douze ans. Quand nous lui expliquâmes ce qu'est une méditation, elle gémit et dit qu'ils avaient déjà fait ça à l'école et que ce serait bête. Mais elle se déclara prête à tenter un nouvel essai. J'avais écrit pour cette rencontre la méditation sur l'« Ange des pierres qui guérissent » et, à l'issue de la méditation, chaque enfant pouvait se chercher une petite pierre thérapeutique et l'emporter à la maison. Les réactions furent de nouveau renversantes ! Tous les enfants, y compris la petite fille de douze ans, voulurent refaire encore une fois la méditation aussitôt.

Après les folles aventures que j'ai vécues avec ces enfants, l'idée germa en moi d'écrire un livre de méditations guidées sur les anges.

Je pensai qu'il serait merveilleux que les parents redécouvrent avec leurs enfants le monde des anges et puissent parler avec eux, dans la détente et la bonne humeur, des valeurs, des vertus et des émotions ainsi suscitées. Ainsi naquit l'idée de laisser les anges expliquer les différentes valeurs, vertus et émotions, afin de faciliter aux enfants ainsi qu'aux adultes le traitement des divers thèmes et de leurs émotions propres, et de permettre des échanges sur ces questions.

Entre l'idée et la réalisation de mon livre, un temps suffisant s'écoula pour me permettre de collecter de nouvelles expériences. Tous les séminaires et formations que j'avais fréquentés en matière de médecines douces et de spiritualité me furent alors d'un grand secours.

Au cours d'une promenade en forêt avec mon amie G., je parlai de l'idée d'écrire un livre sur les méditations guidées consacrées aux anges. Comme si les anges m'avaient soufflé le titre du livre, la pensée soudain en était dans ma tête : « la Consultation des Anges », et un doux frisson parcourut mon dos lorsque je prononçai ce titre. Oui, cela sonne vraiment bien ! Le titre exprime ce qui doit être rendu possible par les méditations : je voudrais inviter les divers anges à une conversation confiante dans une atmosphère détendue – les méditations destinées aux enfants et aux personnes peu expertes devant durer environ 20 minutes, et celles destinées aux méditants expérimentés pouvant durer jusqu'à une heure. L'idée naquit en moi d'écrire des méditations… pas seulement pour les enfants.

La démarche suivante

Le moment était venu de tester les méditations sur des adultes. Là, je mis d'abord l'accent sur les chakras car, d'après mon expérience, l'« ouverture » consciente des chakras conduit à un état de détente particulièrement profond, et la très importante « fermeture » occasionne une fin consciente de la méditation. C'est très important pour faire retour au quotidien de façon détendue.

L'autre amie (je l'appellerai A.) avait créé un cercle de méditation dans lequel chacun à son tour pouvait diriger une méditation. J'écrivis pour ce cercle une méditation sur les chakras, qui devint la base de la méditation « Activation des chakras ». Je pouvais maintenant conduire les participants dans la méditation par un escalier de lumière, composé des couleurs des chakras. Sans exception, les participants indiquèrent qu'ils n'avaient jamais connu auparavant un état de détente aussi profond. Dans cet état, tous les sens sont beaucoup plus aiguisés et réceptifs.

L'enthousiasme des adultes et mon propre amour pour les anges me confirmèrent dans l'idée de ne pas écrire le livre seulement pour les enfants, mais de le rendre accessible également aux adultes. De temps en temps, nous devons tous nous souvenir de l'essentiel, et les méditations peuvent alors nous être d'un grand secours.

Plus je m'occupais de méditation, d'anges, d'homme global, de valeurs, de vertus et d'émotions, plus je reliais d'éléments des traditions occidentale et orientale à la naturopathie pour obtenir un éventail d'effets aussi large que possible.

Mais comment structurer un livre qui soit approprié aussi bien aux enfants qu'aux adultes ? Les méditations écrites et les thèmes traités ne sont-ils pas trop compliqués ? À partir de quel âge les enfants peuvent-ils les aborder ? Ma première réponse, qui n'était sans doute pas totalement fausse, fut : « Nous devons aussi faire un peu confiance à nos enfants ! Et s'ils ne comprennent pas certaines choses, nous sommes tenus de les leur expliquer dans un langage qui leur convienne. »

C'est vrai, nous devons faire un peu confiance à nos enfants ! Ils sont souvent plus intelligents et affectivement plus évolués que nous ne le pensons. Mais, en tout premier lieu, les méditations doivent détendre, apporter de la joie, inviter à des voyages de découvertes et rendre accessible à tous les participants le monde des anges.

Grâce à mes méditations sur les anges, je voudrais emmener enfants et adultes – dans des voyages de découvertes excitants – à la frontière de l'imaginaire et de la réalité, par exemple pour découvrir si les elfes et les nixes existent vraiment (dans la méditation « l'Ange des Mers »).

Le plaisir éprouvé dans les voyages de découvertes doit rapprocher jeunes et vieux – en particulier dans la famille et le cercle d'amis – et faciliter aux adultes comme aux enfants l'accès à l'imaginaire.

Avant d'en venir aux méditations proprement dites, je voudrais vous convier à un petit voyage introductif pour vous expliquer pourquoi j'ai utilisé divers éléments pour mes méditations sur les anges.

Qu'est-ce qu'un ange ?

Un ange est un être purement spirituel, un pur esprit, qui a été créé par Dieu. Les anges sont les éternels adorateurs de la Sainte Trinité. Ils sont les messagers entre Dieu et les hommes. Ils sont les protecteurs de l'humanité tout entière.

Tant de choses diverses ont été écrites sur les anges, et sous les angles les plus variés, que je me bornerai ici à un minimum. Je voudrais seulement vous prier de faire vos propres expériences et de ne pas accepter comme évidence tout ce qui est imprimé.

Pour moi personnellement, les anciens écrits sont les sources d'information les plus fructueuses, car ils transmettent un très ancien corpus d'expériences. Ce savoir très ancien, de même que l'intuition personnelle et les expériences propres, ouvre le cœur et la vision sur la grandeur et l'amour de Dieu. Tous les anges qui nous entourent sont une image de cet amour infini.

QUE REPRÉSENTE POUR MOI MON ANGE GARDIEN ?

Mon Ange Gardien est mon meilleur ami, à qui je puis tout raconter ! S'il m'arrive de ne pas trouver les mots qui conviennent, je sais pourtant très exactement qu'il ressent ce qui me motive, et je sens parfois les vibrations de l'amour qui m'entourent pour me consoler. Il rit avec moi, il pleure avec moi, il n'y a rien qui lui soit étranger et il intervient toujours quand Dieu lui fait un signe. Il respecte le libre arbitre que Dieu m'a offert et il est à mes côtés dans chaque aventure que je vis. Il est l'expression de l'amour infini de Dieu, de l'amour qu'Il éprouve pour moi et pour tous ses enfants !

Nous avons tous un Ange Gardien, qui apporte dans notre réalité quelque chose du monde de Dieu : l'amour qui peut nous changer.

Abbé Odilo Lechner

Pourquoi j'aborde les chakras dans ce livre

Après avoir pris la résolution de m'occuper de naturopathie et de nombreuses questions de spiritualité, et d'apprendre ces matières, j'eus très vite un contact avec le thème des *chakras*. Les chakras sont aujourd'hui partie intégrante de nos thérapies naturelles les plus diverses, qu'il s'agisse de la thérapie des couleurs, de l'acupuncture, de la biorésonance ou de l'ayurveda, etc. Mes peurs initiales, relativement à ces vues issues d'une tradition étrangère, ont très vite fait place à la curiosité. Je n'avais en effet aucune foi nouvelle à embrasser, il me suffisait de diriger mon regard vers la voie de nos frères et de nos sœurs d'Orient, celle qui mène à Dieu selon leurs traditions et leurs façons de voir. Ce regard m'a beaucoup enrichie et m'a fait reconnaître que les diverses voies, dans leur essence, présentent bien des similitudes.

La question des *chakras* est très complexe. Pour vous faciliter le maniement de ce concept, j'ai résumé ici brièvement l'essentiel.

Dans les traditions orientales, les chakras sont d'une importance toute particulière. *Chakra* vient du sanskrit et signifie, littéralement, « roue ».

Les chakras sont des centres énergétiques (invisibles) du corps humain, par lesquels nous absorbons la vitalité éthérée (l'énergie vitale divine) du cosmos. Ils transportent l'énergie vitale à travers tous les centres énergétiques et la distribuent dans la totalité du corps. En général, on part de sept chakras principaux, qui sont en relation avec l'aura et le corps physique et qui peuvent influencer ce dernier. Des couleurs déterminées sont associées aux chakras. Selon l'intensité et la pureté de la couleur, diverses propriétés (valeurs, vertus et pensées) du chakra sont présentes, lesquelles sont au premier plan à l'instant considéré ; elles exercent leur action sur le corps physique comme sur l'aura humaine – et reflètent la personnalité actuelle de la personne.

La méditation « Activation et purification des centres énergétiques » doit contribuer à la prise de conscience des chakras et des qualités qui leur sont liées. La respiration des chakras (l'inspiration consciente de l'énergie colorée correspondante et l'expiration de cette énergie à travers le chakra considéré) sert à la purification des chakras et de leur corps énergétique correspondant.

L'activation et le développement des chakras s'effectuent de manière tout à fait naturelle sur la voie de la connaissance de soi et du développement personnel. Il s'agit de développer sa propre personnalité, lentement et de façon responsable, de collecter ses expériences et d'en tirer sa croissance. Cela implique de suivre sa propre voie dans l'amour et la patience !

Dans les traditions orientales où la doctrine des chakras s'enracine, celle-ci est mise à profit pour atteindre le plus haut et le plus pur degré d'évolution et de perfection, pour enfin parvenir à l'« illumination ».

Pour moi personnellement, la respiration des chakras est une merveilleuse possibilité de glisser dans la détente après une journée stressante, de façon ciblée et agréable.

Si vous ne pouvez pas entrer dans cette doctrine, considérez l'« ouverture » et la « fermeture » des chakras simplement comme un rituel pour signaler au subconscient le début et la fin d'une méditation.

À ceux d'entre vous qui peuvent se familiariser avec la doctrine des chakras, je voudrais attirer l'attention sur le fait suivant : à chaque méditation guidée, les chakras sont sollicités. Cela s'effectue souvent de façon inconsciente. Un exemple : « Imagine que tu te tiennes sur une verte prairie (chakra du cœur), le soleil l'inonde de ses rayons dorés (chakra du plexus solaire) dans un ciel bleu sans nuages (chakra de la gorge)… » Si vous partez du principe que les chakras sont ouverts, alors il faut aussi les refermer.

Si je ne guide pas correctement les participants hors de la méditation, des effets secondaires peuvent apparaître : somnolence, agitation, ennui, mal-être, agressivité, etc., c'est-à-dire, exactement le contraire de ce que je voulais obtenir. Si vous travaillez régulièrement avec les chakras, votre subconscient se règle sur ce rituel et, occasionnellement, vous pouvez aussi interrompre très vite la méditation. (Souffler les bougies ! Voir *Situations problématiques dans la méditation*, p. 59).

À l'intention du lecteur intéressé, j'ai résumé ci-après la localisation, la couleur, les pierres thérapeutiques associées et les zones corporelles concernées de chacun des sept chakras principaux – afin que, si cela vous intéresse, vous puissiez essayer la respiration des chakras.

Les sept principaux chakras

7ᵉ chakra couronne, blanc
6ᵉ chakra du front, violet
5ᵉ chakra de la gorge, bleu
4ᵉ chakra du cœur, vert et rose
3ᵉ chakra du plexus solaire, jaune
2ᵉ chakra sacré, orange
1ᵉ chakra racine, rouge

LE CHAKRA RACINE

L'énergie de ce chakra te relie à la terre. Il est le siège de l'énergie originelle, qui crée et maintient la vie.

Situation

Le premier chakra est situé à l'extrémité de la colonne vertébrale, au niveau du coccyx, et s'ouvre vers l'arrière.

Couleur

Rouge. C'est la couleur du courage, de la force et de l'enracinement.

Pierre fine

Jaspe rouge. C'est la pierre du courage, de la volonté et de l'énergie.

Zones corporelles concernées

Sacrum, coccyx, reins, nerf sciatique.

Glandes endocrines correspondantes

Surrénales.

L'énergie du chakra racine agit sur le bas du corps, des pieds au coccyx.

LE CHAKRA SACRÉ

Le chakra sacré est le siège des instincts primitifs.

Situation

Le deuxième chakra est situé à peu près à une largeur de main au-dessous du nombril. Il s'ouvre vers l'avant et vers l'arrière.

Couleur

Orange. C'est la couleur de la passion, du plaisir, de la gaieté et de la créativité.

Pierre fine

Cornaline orange. C'est la pierre de la vigueur, de la résistance et de la bonne humeur.

Zones corporelles concernées

Organes de la reproduction, vessie.

Glandes endocrines correspondantes

Gonades.

LE CHAKRA DU PLEXUS SOLAIRE

Le chakra du plexus solaire est le siège, la forme originelle des sentiments – du sens « du bien et du mal », « du juste et du faux ».

Situation

Le troisième chakra est situé à peu près à deux largeurs de doigt au-dessus du nombril. Il s'ouvre vers l'avant et vers l'arrière.

Couleur

Jaune d'or. C'est la couleur de l'assurance, de l'assurance en soi, de la joie de vivre, de la gaieté et du savoir acquis.

Pierre fine

Ambre. C'est la pierre de la confiance et de la gaieté. Elle fortifie la foi en soi-même.

Zones corporelles concernées

Estomac, foie, vésicule biliaire, duodénum, système nerveux, parties inférieure et moyenne des vertèbres dorsales.

Glandes endocrines correspondantes

Pancréas.

LE CHAKRA DU CŒUR

C'est dans le cœur que brûle « la flamme éternelle de l'amour ».

Situation

Le quatrième chakra est situé au milieu de la poitrine, à la hauteur du cœur physique. Il s'ouvre vers l'avant et vers l'arrière.

Couleurs

Vert. C'est la couleur de la guérison, de l'équilibre intérieur, de l'harmonie et de la croissance spirituelle.

Rose. Selon le degré d'évolution du chakra du cœur, on peut reconnaître aussi une lumière rose dans le vert. C'est la couleur de l'amour humain. Ce niveau d'évolution implique la capacité d'admettre l'amour, de recevoir l'amour et d'offrir l'amour.

Doré. Quand le chakra du cœur est très développé, on peut reconnaître en plus une lumière dorée dans la lumière rose. C'est la couleur de l'amour divin, qui réside dans le cœur de tous les hommes en attendant d'y être découvert, développé et vécu.

Pierres fines

Péridot. Il dissout la colère et les sentiments de culpabilité, solidement ancrés dans nos cœurs. Il crée de l'espace pour l'amour !

Quartz rose. Il symbolise la force originelle de l'amour et celle de la réconciliation. Il augmente la capacité d'empathie, apporte la franchise, la serviabilité et l'aptitude à aimer.

Zones corporelles concernées

Cœur, sang, circulation, poumons, partie supérieure des vertèbres dorsales, épaules, bras et mains.

Glandes endocrines correspondantes

Thymus.

LE CHAKRA DE LA GORGE (DU COU)

« Manie les mots avec soin, car les mots peuvent changer le monde. »

C'est dans le chakra de la gorge que siège la capacité d'exprimer en mots ses pensées, ses connaissances et ses sentiments et, quand c'est nécessaire, de se taire au bon moment. Le mot prononcé peut construire ou détruire, il peut guérir ou anéantir !

Situation

Le cinquième chakra est situé à la naissance du cou. Il s'ouvre vers l'avant et vers l'arrière.

Couleur

Bleu clair. C'est la couleur de la communication.

Pierre fine

Calcédoine bleue. La calcédoine bleu clair fortifie l'art oratoire. Elle aide à écouter, à comprendre et à communiquer.

Zones corporelles concernées

Bronches, cordes vocales, œsophage, zone du nez, du cou et de la gorge, dents, oreilles, nuque, vertèbres cervicales, épaules, bras et mains.

Glandes endocrines correspondantes

Thyroïde, parathyroïdes.

LE CHAKRA DU FRONT (TROISIÈME ŒIL)

Dans le chakra du front siège la faculté de visualiser, de saisir par l'intellect et de se former son propre jugement.

Situation

Le sixième chakra se trouve au-dessus de la racine du nez, entre les sourcils. Il s'ouvre vers l'avant et vers l'arrière.

Couleurs

Selon le degré d'évolution, nous trouvons ici diverses énergies colorées. Du violet au bleu roi, toutes les nuances sont possibles.

Violet. C'est la couleur de la spiritualité, de la foi et de la paix intérieure.

Bleu roi. Couleur du calme intérieur, de la protection et de l'intuition.

Pierres fines

Améthyste claire. L'améthyste violet clair est la pierre de la spiritualité, de la paix intérieure et de la méditation. Elle fortifie l'intuition, stimule la perception consciente et aide dans le traitement des expériences.

Améthyste foncée. L'améthyste violet foncé est la pierre de la paix intérieure et de la justice. Elle aide à surmonter deuils et pertes.

Lapis-lazuli. Il stimule la responsabilité personnelle de nos actions et la sincérité, nous aide à découvrir (à voir) la vérité.

Zones corporelles concernées

Yeux, nez, oreilles, système nerveux, cervelet, tronc cérébral, première et deuxième vertèbres cervicales.

Glande endocrine correspondante

Hypophyse.

LE CHAKRA COURONNE (DU CRÂNE)

Par le chakra couronne, nous sommes reliés à notre âme et à la source divine de toute vie.

Situation

Le septième chakra est situé au milieu du sommet du crâne et s'ouvre vers le haut, dans la direction du ciel.

Couleur

Blanc. C'est la couleur de la pureté, du calme, de la sécurité et de la paix qui embrassent tout.

Pierre fine

Agate blanche. Cette pierre est aussi appelée « agate de la paix ». C'est la pierre du calme, de la paix et de la sécurité. Elle favorise la tolérance et l'indulgence.

Zones corporelles concernées

Cerveau.

Glande endocrine correspondante

Épiphyse.

Pourquoi j'introduis les couleurs dans la méditation

Quand j'eus commencé à fréquenter séminaires et ateliers, et à suivre diverses formations, rien ne pouvait plus m'arrêter. Ma famille et mes amis pensaient que je présumais trop de mes forces. C'était peut-être juste de leur point de vue, mais je suis avide de savoir et il me faut beaucoup entendre, lire et expérimenter. Quand j'ai le sentiment que je suis saturée, je me retire quelques jours pour faire le vide, c'est-à-dire pour trier tout ce que j'ai entendu, vu, appris et vécu, et tout mettre en ordre d'une façon qui me convienne.

La question des *couleurs* me fascine particulièrement. Dieu soit loué, toute notre vie, notre monde tout entier sont constitués de nombreuses couleurs, que l'on peut encore combiner et mélanger de différentes façons. S'il n'y avait que le noir et le blanc, notre vie serait bien triste.

J'ai appris avec le plus grand intérêt qu'il y avait déjà des temples curatifs dans l'ancienne Égypte, en Chine et en Grèce, des temples inondés de lumières et de couleurs. Les malades étaient placés sur des tapis colorés, assis ou étendus, et les salles étaient tendues de voiles et de tissus colorés. Selon le tableau clinique, ils étaient irradiés directement par la lumière colorée ou bien revêtus d'un habillement de couleur. Nous retrouvons tout cela aujourd'hui dans la médecine moderne et alternative. Pensez un peu à l'équipe chirurgicale habillée de vert. Des propriétés calmantes et tranquillisantes sont notamment affectées à la couleur verte.

La thérapie par les couleurs est pour moi très intéressante ; elle constitue l'une des disciplines de la médecine alternative. L'une des principales applications en est la thérapie par la peinture et l'art, où l'on travaille sur le patient par l'action des couleurs.

Une autre alternative est la thérapie par la lumière, où l'on exerce une influence sur les processus physiques, mentaux et spirituels grâce à des lampes colorées (ou à des feuilles de plastique tendues devant la source lumineuse). On active ainsi les forces d'autoguérison du corps. Les énergies colorées correspondantes doivent détendre l'âme et harmoniser l'esprit.

Des chercheurs japonais ont découvert que la lumière stimule la sécrétion d'hormones par les surrénales, hormones qui régulent le métabolisme et la réaction du corps au stress. On a ainsi trouvé une explication scientifique à l'action positive de la thérapie par la lumière sur la santé de l'homme.

Mais je ne puis déborder le cadre de cet ouvrage. La question des couleurs, son importance et ses possibilités thérapeutiques sont très vastes et ne trouvent pas ici la place nécessaire. À l'intention du lecteur intéressé, je donne en annexe un bref résumé des propriétés et du mode d'action des différentes couleurs.

Les pierres thérapeutiques, merveilleuses accompagnatrices minérales de la méditation

Les *pierres fines* sont l'un de mes thèmes préférés. Sous ce rapport, c'est Hildegarde de Bingen qui me fascine le plus ; ses informations sur l'emploi et le mode d'action des pierres fines, elle les a reçues par ses visions.

Presque toutes les cultures antiques nous ont transmis des récits sur l'utilisation des pierres fines dans un dessein thérapeutique, sous forme de poudres, de pommades et de teintures. On en trouve la mention pour la première fois dans l'ancienne Babylone. Des recettes précises pour la préparation de médicaments à base de pierres fines se trouvent dans l'ayurveda, doctrine de l'Inde ancienne.

Dioscoride déjà, médecin grec bien connu du premier siècle, Marbode, l'évêque de Rennes (1035-1123), ainsi que Hildegarde de Bingen, abbesse d'un cloître de Bingen, sur le Rhin (1098-1179), se sont occupés de façon très approfondie de la préparation, de l'emploi et du mode d'action des pierres fines, lesquels ont fait l'objet de descriptions dans de nombreux écrits.

Une action sur le corps, les émotions, l'âme et l'esprit est attribuée aux différentes pierres fines, bien que cela ne soit pas encore prouvé scientifiquement. Les pierres fines ont une énergie vibratoire élevée qui se diffuse dans l'organisme humain quand on les porte sur le corps (dans la poche du pantalon, sur une chaîne ou un bracelet) ou quand on les pose sur ce dernier (par exemple sur les chakras ou les parties malades du corps) – stimulant ainsi les forces d'autoguérison.

Quelques thérapeutes mettent en garde contre une utilisation trop prolongée et déconseillent le port d'une pierre pendant la nuit ou son positionnement sous l'oreiller. Il y a possibilité d'une stimulation excessive du corps par des phénomènes secondaires désagréables tels qu'un sommeil agité.

J'éprouve la contemplation et la palpation des pierres fines comme déjà très relaxantes. Si l'on cherche une pierre de façon intuitive, et si ensuite on s'occupe de l'effet qu'on lui attribue, le traitement de cette thématique a pour effet d'activer l'autoguérison, elle-même renforcée par l'énergie des pierres.

Pour les méditations guidées, j'ai choisi les pierres fines qui, selon mon expérience, conviennent aux thèmes abordés et soutiennent le plus judicieusement et le plus harmonieusement possible les chakras et les couleurs. Naturellement, il y a aussi d'autres pierres fines qui ont une action merveilleuse sur les chakras et l'homme ; les énumérer toutes nécessiterait un volume tout entier. Il existe une excellente littérature sur ce thème.

LES CHAKRAS ET LES PIERRES FINES QUI LEUR SONT AFFECTÉES

CHAKRA RACINE

Jaspe rouge. La pierre du courage, de la volonté et de l'énergie.

CHAKRA SACRÉ

Cornaline orange. C'est la pierre de la vigueur, de la résistance et de la bonne humeur.

CHAKRA DU PLEXUS SOLAIRE

Ambre. C'est la pierre de la confiance et de la gaieté. Elle fortifie la foi en soi-même.

CHAKRA DU CŒUR

Péridot. Il dissout la colère et les sentiments de culpabilité, ancrés dans le cœur. Il crée de la place pour l'amour.

Quartz rose. Il symbolise la force originelle de l'amour et celle de la réconciliation. Il augmente la capacité d'empathie, apporte la franchise, la serviabilité et l'aptitude à aimer.

CHAKRA DE LA GORGE

Calcédoine bleue. La calcédoine bleue renforce l'art oratoire. Elle aide à écouter, à comprendre et à communiquer.

CHAKRA DU FRONT

Améthyste claire. L'améthyste violet clair est la pierre de la spiritualité, de la clarification et de la méditation. Elle fortifie l'intuition, stimule la perception consciente, aide dans le traitement des expériences et apporte des rêves positifs clairs.

Améthyste foncée. L'améthyste violet foncé est la pierre de la paix intérieure et de la justice. Elle aide à surmonter deuils et pertes.

Lapis-lazuli. Le lapis-lazuli bleu moucheté d'or favorise la responsabilité personnelle de nos actes. Il stimule la sincérité et nous aide à découvrir (à voir !) la vérité.

CHAKRA COURONNE

Agate blanche. On appelle également cette pierre « agate de la paix ». Elle est la pierre du calme, de la paix et de la sécurité. Elle favorise la tolérance et l'indulgence.

La musique et les sons

Certains morceaux de musique touchent chacun d'entre nous au plus profond de son âme – et nous tirent parfois des larmes. Chez moi, ce sont l'*Ave Maria* et l'*Amazing Grace* qui trouvent un écho dans mon âme. Et là, il ne s'agit pas du texte, mais d'un son déterminé, d'un certain timbre ou d'une note correspondante. Au début, cela m'était assez pénible mais, quand on s'occupe de cette thématique, beaucoup de choses vous deviennent plus claires.

Que les sons et la musique aient un effet curatif sur le corps, l'âme et l'esprit, voilà un savoir aussi vieux que l'humanité elle-même. Les sons, les rythmes et les chants ont été le plus souvent mis en œuvre par les chamans dans des cérémonies religieuses de guérison. Les rythmes répétitifs monotones donnés par les tambours et le chant (par exemple le chant de gorge) mettent les participants en transe afin d'établir la communication avec le monde spirituel. Grâce à ces rituels, les chamans espéraient apprendre les causes de la maladie, calmer les esprits, détourner les dangers et en fin de compte obtenir la guérison.

La musique est souvent qualifiée de « langue des sentiments ». Elle représente un moyen de conférer une expression à nos propres perceptions et de nous indiquer une voie vers nos émotions profondes. C'est ainsi que nous pouvons ranimer des souvenirs, rappeler à la mémoire des souvenirs apparemment oubliés ou tout simplement nous détendre et rêver.

L'ouïe est la deuxième perception sensorielle, par son importance, chez l'homme. Dès sa vie fœtale, l'embryon enregistre des bruits et apprend à distinguer la voix de sa mère de celle des autres personnes. Il apprend à classer ce qu'il entend en sensations désagréables et en sensations agréables, en bruits dangereux ou inoffensifs. Par la suite, ce savoir appris avertit précocement l'enfant et l'adulte des dangers qui approchent – assurant ainsi la survie. Les excitations acoustiques enregistrées sont transmises au cerveau, où elles sont triées en excitations inoffensives et en excitations dangereuses afin d'éliminer tout stress permanent ; cela nous permet de passer des journées et des nuits tranquilles, et de n'être dérangés qu'en cas d'urgence. C'est pourquoi les enfants à naître réagissent diversement à la musique dans le ventre de leur mère. Certains morceaux de musique ont une action tranquillisante, alors que d'autres déclenchent des gigotements.

Dans la méditation, une douce musique d'ambiance, de faible volume, nous invite à lâcher le quotidien et à nous détendre. Il y a des gens qui ne reçoivent aucune image intérieure et qui ne peuvent pas visualiser. Ces personnes sont le plus souvent très réceptives aux sensations et aux vibrations musicales. Sur les ondes de la musique, elles se laissent porter dans une profonde détente et vivent ainsi la méditation sur un mode très particulier.

Je mets toujours une douce musique d'ambiance parce qu'elle crée une atmosphère agréable et offre une nouvelle possibilité de parvenir à un état de profonde détente. Il existe de merveilleuses musiques pour méditation, parfaitement utilisables en arrière-plan. Veillez à ce qu'il n'y ait pas trop de mouvement dans le morceau de musique, à ce qu'il ne change pas brusquement de caractère, à ce que la mesure soit uniforme et, autant que possible, qu'il ne soit pas accompagné de chant – afin que ce dernier n'interfère pas avec le texte de méditation que vous vous proposez de lire. Assurez-vous que la musique d'ambiance ne soit pas interrompue. Toute interruption et tout changement brusque de la sonorité peuvent arracher sans douceur les participants à leur méditation. La musique classique, qui change souvent très vite et très brusquement de caractère, me paraît peu appropriée. Testez vous-même avec quelle musique vous pouvez le mieux vous détendre et effectuer un voyage intérieur.

Approchons-nous maintenant du thème proprement dit qui va nous occuper.

La méditation

Il existe aujourd'hui de nombreuses formes et techniques de méditation : celles des religions traditionnelles et celles dans lesquelles on peut combiner entre elles les techniques les plus diverses issues de toutes les cultures. Le sujet est très vaste et ne peut être traité ici de façon exhaustive. Je me contente de résumer ci-dessous l'essentiel pour donner un petit aperçu au lecteur inexpérimenté.

La méditation (du lat. *meditatio*, « la réflexion sur » ou du lat. *medius*, « le milieu »), dans ses multiples formes, prend ses racines dans toutes les religions. Les chamans, guérisseurs, prêtres et prêtresses, dans les anciennes cultures, ont utilisé les pratiques méditatives pour provoquer des états modifiés de conscience qualifiés de *transes*. Grâce à des rythmes monotones répétitifs fournis par les tambours et le chant (par exemple le chant de gorge ou les sons graves), à des danses analogues et parfois à la prise d'hallucinogènes, ils obtenaient l'état désiré. Ainsi placés en état de transe, ils quittaient leur corps et voyageaient dans le « monde des esprits ». Ils en ramenaient de saintes sagesses, des capacités de guérir, des forces magiques et des visions du futur.

LA MÉDITATION TRANQUILLE (PASSIVE, CONTEMPLATIVE)

- Dans la méditation calme ou tranquille, on essaie de réduire au minimum la perception des stimuli extérieurs et de l'activité cognitive. L'objectif est d'atteindre le silence intérieur, ou vide intérieur, lié à la sensation de l'« unité » avec tout ce qui est. La méditation tranquille prend ses racines dans les traditions orientales.
- La prière contemplative est une forme de prière dans laquelle la personne regarde Dieu dans le silence et l'amour. Sainte Thérèse d'Avila décrit la prière contemplative comme une fréquentation amicale « dans laquelle nous parlons souvent tout seul de Celui dont nous savons qu'Il nous aime ». La contemplation (« considération quiète ») est également connue comme voie mystique de la tradition occidentale. Le rosaire catholique aussi est une prière méditative sur la vie du Christ, avec Marie comme accompagnatrice.
- Dans la méditation intuitive, l'esprit est dirigé sur un objet dans le dessein d'obtenir la connaissance de l'objet considéré.

LA MÉDITATION ACTIVE

- La marche méditative est une marche qui se fait avec attention et conscience. Cette forme de méditation existe dans les traditions orientales (par exemple zen), de même que dans les traditions occidentales de certains ordres monastiques. Une forme actuellement très moderne de la marche méditative est le pèlerinage de Saint-Jacques-de-Compostelle, en Espagne. Au cours de ce voyage, nombre de pèlerins ont des expériences spirituelles qui enrichissent leur vie et modifient ultérieurement leur personnalité.

- ➜ En ce qui concerne les danses méditatives, on peut citer la danse des derviches tourneurs dans le soufisme (tradition islamique), ainsi que les danses de transes chez les peuples de nature.
- ➜ Dans la tradition indienne du yoga, la méditation est soutenue par diverses postures et des exercices du corps.
- ➜ Le qi gong est une forme chinoise de mouvements, de concentration et de méditation destinée à harmoniser le corps, l'esprit et l'âme, ou à maintenir le flux harmonieux du chi.

LA MÉDITATION PAR LES MANTRAS

Le mantra est une suite de mots formant le plus souvent une courte formule, répétée et récitée de façon monotone. Cela peut se faire par la parole, par le chant ou simplement mentalement. Dans quelques cultures, cette forme de prière méditative est facilitée par un chapelet.

- ➜ La prière à Jésus, dans l'Église orthodoxe, est une prière très répandue dans laquelle le nom de Jésus-Christ est répété de façon ininterrompue. Comme aide à la concentration, on utilise un chapelet, qui compte habituellement 100 perles (il en existe aussi de 30, 33, 50 et de plus de 100 perles). Le cordon du chapelet, qui est fermé, symbolise la prière monastique, qui ne finit jamais.

- Le chapelet islamique existe sous différentes formes, avec 11, 33, 99 ou 100 perles. Dans la prière, on récite les 99 noms d'Allah contenus dans le Coran.
- Dans le bouddhisme, les mantras sont des paroles ou des syllabes sacrées énergétiquement chargées, qui protègent l'esprit des perturbations. Le chapelet bouddhique est généralement constitué de 108 perles, qui symbolisent les 108 volumes de la doctrine de Bouddha.
- Dans l'hindouisme, les 108 perles du chapelet symbolisent les 108 noms, ou attributs, de la divinité adorée. La récitation de mantras sert à la libération des énergies mentales.

LA MÉDITATION GUIDÉE

Dans le culte des mystères déjà, sous l'Antiquité, les hiérophantes (ceux qui « manifestaient les mystères » d'Éleusis à la tête des prêtres dans le temple de Déméter) conduisaient les novices à initier dans des voyages guidés qui les menaient dans leur propre monde intérieur, préparant ainsi les étapes nécessaires à l'évolution de leur paysage mental.

Les méditations guidées servent à la détente et peuvent être utilisées de façon thérapeutique pour la découverte de processus et d'émotions refoulés, ou pour une meilleure compréhension de symptômes morbides.

Les voyages imaginaires font partie des méditations guidées. Il s'agit d'un processus de détente imaginatif pour des enfants, des adolescents et des adultes. Les voyages vers l'intérieur confèrent des pensées et des sentiments positifs. Ils stimulent en outre l'imagination, la créativité – aidant ainsi à abolir le stress et à rétablir l'équilibre intérieur.

POURQUOI MÉDITER, D'UNE FAÇON GÉNÉRALE ?

Les adultes ne sont pas les seuls aujourd'hui à souffrir de troubles psychosomatiques tels que migraines, troubles de la concentration, troubles du sommeil, agitation intérieure, etc. ; beaucoup d'enfants en souffrent aussi. Nous sommes tous exposés à une énorme quantité de stimuli, auxquels nous ne pouvons pas toujours nous soustraire. Souvent, nous ne prenons pas le temps de nous retirer pour nous reposer ou pour entreprendre des choses simples qui nous font plaisir. Dans notre société matérialiste, orientée vers le rendement, nos enfants aussi sont exposés à une énorme pression de réussite. Il ne reste plus de temps pour les importantes phases de récupération par le calme, le plaisir et le jeu, et les petits corps commencent à se rebeller pour attirer notre attention sur le fait que quelque chose ne tourne pas rond ! Les images véhiculées par les médias contribuent à conduire enfants et adultes dans des situations de stress supplémentaires. Et ce n'est pas tout : nous attendons de nos enfants qu'ils se fassent des situations grassement payées, qui supposent le plus souvent des études, bien que peut-être ils eussent préféré apprendre un métier manuel. Avec une telle pression de réussite, les sentiments, désirs, nostalgies et rêves personnels sont réprimés – lesquels feraient de nous, s'il nous était permis de les vivre, des personnes heureuses et équilibrées. Au lieu de cela, c'est notre corps et notre âme qui souffrent !

Dans cette situation stressante, il est très difficile, pour de nombreux débutants en méditation, de commencer une méditation tranquille, ou calme. Je crois que c'est également une raison qui explique pourquoi nombre de personnes se précipitent sur les prières contemplatives. Il est plus simple, pour la plupart des intéressés, de se joindre à un groupe de gens qui sont dans les mêmes dispositions d'esprit afin de vivre, dans un cercle familier, une méditation guidée ou un voyage imaginaire.

Avec mes méditations guidées sur les anges, je voudrais contribuer à diriger de nouveau le regard sur l'essentiel ; à traiter, soi-même et ses sentiments, plus honnêtement ; à développer une image de soi plus positive et à intégrer au mieux ses rêves dans sa vie. Elles doivent détendre et conduire à plus de convivialité entre jeunes et vieux, en particulier dans la famille et dans le cercle d'amis. Discutez de votre vécu, de vos valeurs et de vos vertus ; peignez des images sur vos sentiments ou asseyez-vous avec vos enfants devant une encyclopédie ; surfez sur Internet et vérifiez s'il existe vraiment des papillons verts. Aucune limite n'est imposée à votre imagination pour partir vers les anges en un voyage de découverte.

QUE PEUVENT PRODUIRE LES MÉDITATIONS ?

- En tout premier lieu, elles doivent détendre et abolir le stress.
- Elles doivent aider à découvrir ses propres sentiments, et ainsi sa véritable personnalité.

- Elles peuvent contribuer à l'acceptation de ses propres sentiments comme de quelque chose qui vous appartient, à la reconnaissance de ce qui vous forme en tant qu'être humain, celui que vous êtes et/ou celui que vous voudriez être.
- Au moyen des méditations, des sentiments peuvent se clarifier en vous, ce qui permet de les découvrir, de les accepter et de les exprimer.
- En découvrant et en exprimant leurs sentiments, les méditants acceptent aussi leurs sentiments cachés et peuvent, ultérieurement, prendre congé d'eux. La guérison devient possible.
- La pratique régulière de la méditation stimule la perception propre.
- Les méditations guidées et les voyages imaginaires activent la créativité et l'imagination.

ENCORE QUELQUES MOTS SUR LA QUESTION DES SENTIMENTS

J'ai à cœur, chères lectrices et chers lecteurs, d'essayer de vous expliquer combien les émotions ont leur justification. Elles sont l'expression de ce qui se déroule dans notre for intérieur. Les larmes aussi en font partie. Je sais par ma propre expérience combien il peut être douloureux que des larmes, réprimées pendant des décennies, se fraient un chemin vers l'extérieur. Les larmes sont une forme de purification intérieure ! Elles peuvent être le signe de la souffrance, mais aussi de la joie. Toutes deux sont des sentiments très profonds et prennent racine dans notre cœur. Réprimer ces sentiments équivaudrait à la tentative de pétrifier son cœur ! Qu'il s'agisse de larmes de joie, de larmes de surmenage ou de larmes de souffrance (de douleur), elles sont une manifestation certaine de notre âme, le signe que nous traversons une expérience importante.

Les larmes sont le signe de la libération de sentiments réprimés. Quand les larmes sont réprimées, cela conduit à une rigidité intérieure et extérieure, à un durcissement des sentiments. Au pire, cela peut s'exprimer par une maladie physique ou mentale !

Naturellement, il est tout aussi important de ne pas se perdre dans des sentiments tels que la tristesse, la souffrance et la douleur ; sinon, nous ne pourrions pas faire un pas en avant, aller vers l'amélioration, là où nous reconnaissons ce que l'expérience nous a enseigné.

Situations problématiques dans la méditation

LES ÉMOTIONS DIFFICILES

Ce sont précisément nous, les adultes, qui avons appris (parfois au cours de longues décennies) à réprimer et à nier nos sentiments. Or, il peut arriver dans la méditation que des sentiments réprimés, des expériences refoulées et des souvenirs cachés cherchent à se frayer un chemin hors du subconscient et vers la conscience en vue de la guérison.

Il est donc bien possible qu'un participant voie une image issue de son enfance et se rappelle par exemple la mort de sa perruche. Des larmes jaillissent soudain de ses yeux parce qu'il n'a pas pleuré étant enfant – car enfin il lui fallait être fort. Nombre de gens s'accommodent mal de telles situations et préféreraient interrompre la méditation. Aucun problème !

Avec vos partenaires, convenez d'un signe par lequel vous leur signifiez que vous voulez quitter prématurément la méditation (par exemple en levant simplement la main). Si vous guidez la méditation à deux, votre assistant peut s'approcher doucement du méditant pour le faire sortir rapidement. Appelez tout bas par son nom la personne à faire sortir, invitez-la à se représenter des bougies de couleur blanche, violette, bleu ciel, verte, jaune d'or, orange et rouge – disposées en cercle comme sur un gâteau d'anniversaire – et qui sont toutes soufflées en même temps. Donnez-lui un verre d'eau, accordez-lui du temps pour se ressaisir.

Si vous n'avez pas d'assistant, dites à vos participants : « Je vous laisse un petit moment sous la protection de votre Ange Gardien. » Puis allez doucement vers la personne à faire sortir et procédez comme indiqué plus haut ; ensuite, consacrez-vous de nouveau à vos méditants et poursuivez.

Si vous expliquez, lors de la préparation, comment vous interromprez prématurément la méditation, vos participants sauront où ils en sont, et il n'y aura aucune inquiétude si vous devez les laissez seuls un court instant.

Je n'ai pas encore fait l'expérience de cette situation. Mais, en cas de nécessité, il vaut mieux savoir comment agir.

LES PARTICIPANTS QUI PLANENT

J'ai pu observer dans les séminaires (en particulier les séminaires spirituels et les séminaires médiumniques) qu'il y a toujours des gens qui utilisent la méditation comme plate-forme pour donner libre cours à leurs fantasmes ou bien, comme on dit si joliment, à leur ego. Ils sont alors assis en tremblant et/ou en vacillant sur leur chaise – donnant l'impression de planer dans d'autres sphères. Eh bien, c'est leur ego qui fait des siennes. Il y a toujours quelques élus qui veulent se particulariser ! Il y aurait lieu d'établir pourquoi une personne cherche cette forme extrême d'attention. Les médiums anglais, que j'ai pu rencontrer, m'ont appris que j'ai toujours le contrôle de mon corps et de ma raison, et qu'il n'est pas utile de faire semblant de perdre ce contrôle ! Pourquoi, alors, rester assis sur une chaise en tremblant ? Ce n'est qu'une niaiserie !

Et, si l'on y réfléchit raisonnablement, on parviendra à la conclusion logique que cette sorte de méditation n'apporte ni détente ni enrichissement d'aucune sorte dans la vie. Si le sens et le but de notre vie étaient de planer dans des sphères supérieures, nous ne serions sûrement pas ici, sur terre !

S'ENDORMIR PENDANT LA MÉDITATION

S'endormir pendant la méditation, que ce soit à la maison ou dans un groupe de méditants, ne pose aucun problème ! C'est simplement le signe que le sommeil était nécessaire et que la personne était parvenue dans une profonde détente. Dans un tel cas, mettez fin sans hésiter à la méditation afin de fermer les chakras et d'informer le subconscient que le voyage intérieur est terminé. Dans le groupe de méditation, les participants, le plus souvent, se réveillent à l'annonce de la clôture. Si cela devait ne pas être le cas, réveillez doucement les méditants par des paroles et en leur touchant le bras.

Si votre enfant s'est endormi dans son lit pendant que vous récitez la méditation, veuillez la réciter jusqu'au bout afin de communiquer au subconscient le terme du voyage, puis laissez tranquillement votre enfant poursuivre son sommeil. Quand nous lisons un conte aux enfants et que nous voyons combien ils participent affectivement et comment ils pénètrent dans l'histoire, nous ne sommes pas étonnés qu'un enfant soit suffisamment épuisé par l'audition d'une méditation pour s'endormir.

« JE NE PEUX PAS VISUALISER »

Il y a toujours des participants aux méditations qui ont des difficultés pour visualiser des images et qui de ce fait se mettent sous pression. C'est absolument inutile !

Bien des gens sont du « type absolu de visualisation » et ont appris dès leur enfance à se représenter des images dans leur tête pendant qu'on leur racontait des histoires ou quand ils les lisaient eux-mêmes.

D'autres personnes sont plutôt du « type affectif », c'est-à-dire qu'elles sont très réceptives aux sentiments de toute sorte et qu'elles peuvent bien ressentir les histoires qu'on leur lit ; elles sont en mesure d'entrer en empathie. Pouvoir éprouver des sentiments en écho est quelque chose de très important !

Et puis, il y a encore la combinaison des deux types, qui peuvent s'impliquer dans une histoire avec vivacité et imagination.

S'il vous plaît, ne vous soumettez à aucune pression de réussite ! Ce n'est ni le sens ni le but de la méditation ! Souvent, quelques participants, quand ils ont appris à se détendre, commencent à voir des images ou des couleurs.

DE LA STRUCTURE DU LIVRE

Les points (en milieu de ligne), dans les textes de méditation, indiquent une courte pause de lecture et doivent vous faciliter le débit rythmé du texte ; ils doivent aussi permettre aux participants d'entrer en empathie avec ce qui est dit, ou encore de visualiser. Un point • signale une très courte pause (comptez intérieurement jusqu'à *un* avant de poursuivre rythmiquement) ; avec trois points •••, la pause est un peu plus longue (comptez intérieurement jusqu'à *trois*, ou bien reprenez votre respiration avant de continuer à lire rythmiquement). Développez votre propre rythme en observant vos participants et en entrant en empathie avec eux.

Les lignes blanches insérées dans le texte doivent aider le récitant et les méditants à trouver un rythme agréable – de manière qu'ils entrent en empathie avec ce qui est lu et qu'ils puissent visualiser, par exemple pour laisser les couleurs agir sur eux. Quand vous trouvez une ligne blanche dans le texte, regardez vos participants et observez si tous peuvent entrer en empathie. Adaptez-vous ainsi au rythme des méditants.

Le livre est divisé en trois parties, la première (partie I) contenant des méditations destinées aux enfants de plus de neuf ans, aux adolescents et aux adultes qui n'ont pas encore une grande expérience de la méditation. (Si vous voulez effectuer ces méditations avec des participants qui ont déjà des expériences en méditation, ou encore avec des cercles de méditation et des groupes médiumniques, utilisez en supplément la respiration des chakras. Dans ce cas, les participants doivent connaître la localisation des chakras !)

La deuxième partie (partie II) fournit des méditations pour adolescents à partir de 16 ans ainsi que pour adultes ayant une expérience de la méditation, pour cercles de méditation, thérapeutes et groupes médiumniques selon le modèle anglais. (Si vous voulez effectuer ces méditations avec des enfants et/ou des adultes ayant peu d'expérience de la méditation, laissez tomber la respiration des chakras et raccourcissez le passage à 2-5 minutes.)

La troisième partie (partie III) englobe les méditations des archanges. Étant donné que la voie de la détente dure plus longtemps et va sensiblement plus profondément, il convient de vérifier si les participants disposent déjà d'une expérience suffisante pour y trouver du plaisir. Il n'est pas donné à tout le monde de passer une heure dans le silence et l'immobilité. Cette méditation ne convient pas aux enfants ! Je la recommande aux cercles de méditation expérimentés, aux thérapeutes et aux cercles de méditation selon le modèle anglais.

IMPORTANT !

Veuillez noter que, pour les parties II et III, la localisation des chakras doit être connue des participants.

UN BON TRUC !

Dans tout nouveau groupe de méditation, commencez par la méditation simple de l'Ange Gardien (dans la partie I). Dans cette méditation, on place l'Ange Gardien de chaque méditant à ses côtés, un ange qui, ultérieurement, les accompagnera dans chaque méditation.

Les méditations suivantes pourront être choisies intuitivement ou selon la situation du moment.

Pour les participants avancés, qui travaillent avec la partie II, il est judicieux de faire suivre la méditation de l'Ange Gardien de celle sur l'« Activation des centres énergétiques » (partie II). Ensuite, vous pourrez de nouveau choisir les méditations intuitivement ou selon la situation du moment.

Pour des raisons d'intimité, les méditations utilisent la forme du tutoiement. Mais vous pouvez à chaque instant remplacer le « tu » par le « vous ».

Veuillez prendre en considération que chaque enfant, chaque être humain est différent dans son évolution spirituelle et émotionnelle. Vous seul êtes capable de décider maintenant si telle ou telle méditation est utile pour les méditants – les enfants en particulier !

DE L'EXÉCUTION DES MÉDITATIONS

Que ce soit à la maison, dans un cercle de méditation ou dans des séminaires, il y a quelques règles très importantes à respecter dans l'exécution.

En tant que guide de méditation, vous devez observer les points suivants :

- Il est très important que, avant de commencer, vous lisiez au moins une fois, à haute voix, la méditation. Colletez-vous avec le texte de la méditation et réfléchissez à la manière dont vous voudriez traiter le thème à l'issue de la méditation. Après cette dernière, enfants et adultes peignent volontiers une image de leur vécu et de leurs impressions.

Beaucoup préfèrent écrire quelques lignes ; dans tous les cas, ils aiment discuter de leur aventure dans une atmosphère de confiance.

- Créez une ambiance intime ! Éliminez toute source perturbatrice comme la sonnerie de la porte d'entrée ou celle du téléphone. Quand il y a un chantier dans la rue, ou que les bruits extérieurs sont trop importants, fermez les fenêtres. Faites en sorte que vos participants ne soient pas tirés brutalement de la méditation et qu'ils puissent véritablement entrer dans la détente sans influences extérieures perturbatrices.

- Tenez prêts papier et crayons, de manière que tout le vécu puisse être consigné aussitôt. Chez les enfants, de merveilleuses conversations s'instaurent dès qu'ils se mettent à peindre. La plupart des adultes préfèrent mettre d'abord en mots, sur le papier, leur vécu et leurs impressions – afin d'en discuter par la suite.

- Dans de nombreux cercles de méditation, les participants sont étendus ou assis en cercle, et l'espace du milieu se prête très bien à la décoration. Vous pouvez par exemple placer au centre des napperons aux couleurs des chakras et, par-dessus, mettre des pierres thérapeutiques, ou encore orner l'ensemble avec des fleurs.

- Soyez prudent avec les bâtonnets d'encens et/ou les huiles essentielles. Cela ne convient pas à tout le monde. Chez les personnes sensibles aux odeurs, ces précieux auxiliaires peuvent se transformer en cauchemar !

- Passez une musique d'ambiance douce et faible. Comme déjà signalé, veillez à ce qu'il n'y ait pas trop de mouvement dans le morceau de musique, à ce qu'il ne contienne pas de parties chantées et à ce qu'il ne change pas trop brusquement de caractère. Assurez-vous que la musique ne soit pas interrompue. Tout changement brusque des caractères sonores et toute interruption arrachent sans douceur les méditants à leur détente.

- Lors des entretiens préparatoires, priez les participants de paraître dans une tenue confortable et agréablement décontractée. Rien ne devrait gêner ou être incommode.

- Vu que, à l'état détendu, la température du corps chute quelque peu, il est conseillé que les participants à la méditation se couvrent d'une couverture légère et/ou qu'ils portent de grosses chaussettes chaudes – afin qu'ils ne soient pas tirés de la méditation par le froid.

- Le cercle de méditation ne devrait pas être trop grand ! Je recommande dix participants, douze au maximum.

- Déterminez si les participants préfèrent méditer (ou peuvent mieux se détendre) en position couchée ou en position assise (sur le sol ou sur une chaise). Les personnes d'un certain âge ont parfois des difficultés pour rester couchées sur le sol (sur un tapis de méditation ou sur une couverture). Il y a aussi des personnes qui ne peuvent pas rester longtemps assises. Déterminez si des personnes ont des limitations corporelles.

- Établissez avec tous les participants comment vous devez, en cas de besoin, tirer certaines personnes de la méditation : convenez d'un signe !
- Discutez avec vos participants de la durée qu'ils veulent donner à la pause silencieuse – et de la possibilité que vous introduisiez la pause par les mots : « Si tu le souhaites, tu peux poser une question aux anges ou leur demander un conseil… »
- Quand vous avez pris la décision de réciter les méditations des parties II et III, assurez-vous que tous les participants connaissent la localisation des chakras ; si ce n'est pas le cas, faites-leur une brève introduction à cette question.
- Placez une boîte de mouchoirs en papier devant chaque place de méditation. Il est possible que coulent des larmes de joie, d'émotion ou à l'évocation d'un souvenir oublié. C'est l'occasion pour vous de signaler encore une fois que les sentiments sont parfaitement ok, et même parfois souhaitables dans les séances thérapeutiques.
- Dites clairement que les sentiments qui montent, quelle qu'en soit la nature, sont les bienvenus !
- Demandez aux participants s'ils peuvent être réconfortés et/ou touchés au bras, par exemple pour les réveiller.
- Expliquez aux enfants qu'ils ne doivent ouvrir les yeux que quand vous avez terminé la méditation.
- Lisez la méditation d'une voix agréable, pas trop fort, et respectez les pauses de lecture, caractérisées par des points (en milieu de ligne) et des lignes blanches.

- Ne quittez pas vos participants des yeux, afin éventuellement d'adapter votre style de lecture ou de modifier les pauses dans leur longueur. Observez la mimique des méditants, afin éventuellement de tirer une personne de la méditation par anticipation. Dans ce cas, n'oubliez pas de fermer les chakras, par exemple en soufflant des bougies imaginaires.
- Ne sautez en aucun cas le prélude ou le postlude ! Le prélude prépare le subconscient à partir en « voyage », et le postlude lui signale qu'il est temps de revenir dans l'« ici et maintenant ».
- À l'issue de la méditation, faites boire un peu d'eau aux participants ou faites-leur déguster un morceau de chocolat (on peut bien sûr grignoter autre chose). Cela nous recentre si bien ! Assurez-vous que tous les participants ont de nouveau bien les pieds sur terre.
- Ne laissez rentrer chez lui aucun participant qui serait bouleversé par ses sentiments !

MÉDITATION AVEC VOS ENFANTS À LA MAISON

Si, à la maison, vous voulez partir avec vos enfants dans un voyage de découverte, les règles indiquées ci-dessus sont dans l'ensemble encore valables.

- Colletez-vous avec le thème de la méditation et réfléchissez à la manière dont vous voudriez le traiter à l'issue de la méditation. Vous pourriez par exemple aller avec vos enfants sur Internet, dans des voyages de découverte, et chercher si le poisson aux lèvres bleues du docteur « aux dents de loup » existe vraiment. Ou bien câlinez vos enfants et parlez-leur des sentiments que vous avez eus pendant la méditation ; cela crée de l'intimité et favorise la confiance. Interrogez votre enfant sur ce qu'il aurait envie de faire après la méditation.

- Créez une douce atmosphère ! Éliminez toute source de perturbation et prenez du temps pour votre enfant. Il n'y a là aucune place pour les téléphones portables et autres dérivatifs.
- Cherchez un endroit intime pour vous et vos enfants ; par exemple, d'y construire avec des couvertures une grotte confortable, ou bien montez une petite tente indienne dans le jardin ; installez-vous confortablement sur le sofa, etc. Aucune limite n'est imposée à votre imagination.
- Pelotonnez-vous avec vos enfants dans une couverture chaude afin que ni vous ni eux ne soyez gelés, ce qui ferait perdre le plaisir de la méditation.
- Discutez avec votre enfant du déroulement de la méditation.
- Expliquez à vos enfants qu'ils ne doivent rouvrir les yeux que quand vous avez terminé la méditation.
- Lisez la méditation d'une voix agréable et pas trop forte, et respectez les pauses de lecture, qui sont caractérisées par des points (en milieu de ligne) et des lignes blanches.
- N'omettez en aucun cas le prélude et le postlude.
- Si votre enfant s'est endormi pendant la méditation, finissez-en la lecture pour communiquer au subconscient la fin du voyage, et laissez votre enfant poursuivre tranquillement son sommeil.

MÉDITATIONS SEUL(E) OU AVEC LE/LA PARTENAIRE

Bien entendu, vous pouvez aussi lire les méditations pour vous-même, de façon détendue, et y réfléchir après-coup en toute tranquillité. Laissez libre cours à vos pensées et observez ce qu'elles font vibrer en vous. Si vous le désirez, faites passer une musique en sourdine, pelotonnez-vous dans votre fauteuil préféré, sur votre sofa – ou bien allez dans la nature et asseyez-vous sous un arbre. Installez-vous confortablement et observez vos pensées. N'oubliez pas d'éliminer toute source de perturbations et prenez du temps pour vous-même !

Ou bien lisez la méditation à votre partenaire et discutez de ce qui vous émeut. Jouissez de votre présence à vous-même ou à votre partenaire.

UNE DERNIÈRE INDICATION, AVANT QUE LE VOYAGE NE PUISSE DÉMARRER !

Les enfants et la plupart des adultes se détendent mieux lorsqu'ils sont allongés ; les introductions à la méditation (préludes) sont adaptées à ce souhait. Cette forme n'est pas appropriée pour les méditants qui préfèrent rester assis ni pour les cercles de méditation selon le modèle anglais ; en conséquence, je vous propose ici une alternative par laquelle vous pourrez commencer la méditation.

Prélude

Assieds-toi très détendu(e) ◦ sur ta chaise. ◦ Cherche-toi une position assise confortable, ◦ appuie-toi au dossier ◦ avec ton dos bien droit. ◦ Place tes jambes côte à côte, ◦ sans crispations ◦ ni tensions. ◦ Cherche, avec tes pieds, un contact ferme avec le sol, • pose tes mains détendues sur tes cuisses. • Maintenant, • ferme les yeux, • inspire et expire tranquillement, • sens • que tu deviens plus calme à chaque respiration. • À chaque expiration, • tu lâches tout • ce qui t'a blessé(e) jusqu'ici. ••• Laisse tes pensées filer • comme de petits nuages blancs dans un ciel ensoleillé. ••• La pression en toi devient plus légère • et s'écoule avec ton souffle. ••• À l'inspiration, • tu respires la légèreté • et la liberté, • qui te facilitent la voie vers le calme profond de ton for intérieur. ••• Tu te sens tranquille • et satisfait(e), • tu es totalement détendu(e). ••• Tu peux maintenant voyager avec ton imagination dans le royaume des anges.

Et maintenant je souhaite à tous un « bon voyage » dans le royaume des anges. Revenez-en reposé(e)s et heureux/heureuses dans votre quotidien.

Les méditations guidées sur les anges, à l'intention des enfants

à partir de neuf ans, des adolescents et des adultes qui n'ont pas encore une grande expérience de la méditation.

Important !

Si vous voulez effectuer ces méditations avec des participants qui ont déjà une expérience en la matière, ou bien avec des cercles de méditation et des groupes médiumniques, utilisez en supplément la respiration des chakras. Pour cette technique, la situation des chakras doit être connue des participants !

L'ANGE DE LA COMPRÉHENSION

Comprendre, c'est être à l'écoute des autres et aussi de toi-même, sans évaluer, sans juger et sans te condamner toi-même ni condamner les autres. Ne sois pas si sévère envers toi-même ! Ne blesse pas ton âme en te méjugeant et en te rabaissant toi-même. C'est seulement quand on a le droit de commettre des erreurs qu'on gagne en expérience et qu'on peut grandir.

PRÉLUDE

Étends-toi très détendu(e), • étire tes jambes • et laisse retomber tes pieds • lentement vers l'extérieur. ••• Tes bras • reposent relaxés • sur les côtés. • Ferme les yeux, • inspire • et expire calmement. • Sens • combien tu deviens • plus calme • à chaque respiration. • À chaque expiration, • tu lâches • tout ce qui t'a occupé(e) • jusqu'ici. ••• Laisse défiler tes pensées • comme de petits nuages blancs • dans un ciel ensoleillé. ••• La pression • en toi-même • devient plus légère • et s'écoule avec l'expiration. ••• À l'inspiration, • tu respires la légèreté • et la liberté, • qui te facilitent • l'accès • à la profondeur de ton être. ••• Tu te sens calme • et satisfait(e), • tu es totalement relaxé(e). ••• Maintenant, • tu peux voyager en imagination • dans le royaume • des anges.

MÉDITATION

Imagine • que tu te trouves dans une merveilleuse prairie de montagne. • C'est un jour de printemps • agréablement chaud. • L'air est clair • et, sur la voûte céleste, • courent de petits nuages laineux et débonnaires.

Le soleil • envoie ses rayons réconfortants • sur la campagne. Les prairies et les forêts • s'ornent de nouvelles teintes vertes • et les plantes printanières montrent leurs premières • fleurs aux tons joyeux.

Les oiseaux • gazouillent gaiement leur musique printanière, • et tu entends • le chant léger du vent • dans la cime des arbres. ••• Tu es très détendu(e), • tu te sens bien • et protégé(e).

Tandis que tu prêtes l'oreille au vent, • tu sens • ton Ange Gardien s'approcher de toi. • C'est une sensation de plénitude. • Son amour, • sa proximité et sa confiance en toi • sont sensibles. • Salue-le • et jouis de son embrassement • plein d'amour • et revigorant.

Aujourd'hui, • il voudrait visiter avec toi • l'Ange de la Compréhension. ••• Tu te réjouis beaucoup • et tu sens • que quelque chose de tout particulier t'attend. ••• Ton Ange Gardien • dirige ton regard vers une montagne • qui se trouve à ta droite. • De loin, • tu peux déjà reconnaître • la grande ouverture d'une caverne. ••• Accompagné(e) de ton Ange Gardien, • tu parcours la courte distance • qui te sépare de l'entrée.

Arrivé(e) devant l'entrée, • tu vois sur le sol • de chauds vêtements d'hiver • et de bonnes chaussures • à ta taille. • Revêts maintenant ces habits et mets les chaussures, • car la température • n'est que de 0 degré • à l'intérieur de la grotte, • même au printemps. • Tu te sens bien dans ces vêtements, • et tu as agréablement chaud.

Ton Ange Gardien fait un geste de la main, • et des torches au magnésium, • à l'intérieur de la grotte, • illuminent le chemin praticable • qui te conduit dans le royaume • des anges de la compréhension.

Au bout de quelques pas, • ton environnement change • et tu vois • que tu te trouves dans une merveilleuse grotte de glace. ••• Les parois de la grotte montrent des cascades de glace • de toutes les grandeurs. • Tandis que, • accompagné(e) de ton Ange Gardien, tu continues d'avancer, • tu découvres à ta gauche • un imposant mur de glace. • Tu peux reconnaître distinctement • les différentes couches de glace. • À ta droite • se dresse une grande montagne de glace, • et un peu plus loin, • tu découvres de majestueuses sculptures de glace.

Maintenant, • tu es arrivés • dans une somptueuse galerie de glace. Au plafond • scintillent des millions de merveilleux cristaux de glace. • Sur ta gauche se trouvent • des stalagmites de diverses grandeurs. • Devant toi, • tu vois une petite chute d'eau • et un lac, • qui tous deux sont gelés. • Le lac est bordé • de merveilleuses sculptures de glace. • Elles ont la forme d'anges et, • entre elles, tu découvres la sculpture glacée • d'une colombe en vol. • C'est splendide à regarder.

Ton Ange Gardien te sourit • et fredonne une mélodie céleste. ••• Regarde ce qui se passe. • Les cristaux de glace commencent, • successivement, • à rayonner dans les couleurs de l'arc-en-ciel • et à transformer • la galerie de glace • en un merveilleux lieu mystique.

Les premiers cristaux de glace • irradient une vigoureuse • lumière rouge. • L'air, • autour de toi, • est maintenant aussi • imprégné de cette lumière rouge. Cette lumière • te donne force et courage • et te relie à la terre.

Les cristaux de glace suivants • rayonnent maintenant • d'une joyeuse teinte orange. • L'air, • autour de toi, • brille maintenant aussi • de cette lumière orange. • Cette lumière te donne la gaieté • et amène un sourire • sur ton visage.

C'est maintenant • une lumière jaune d'or, • source de confiance, • qui irradie. • L'air qui t'entoure brille maintenant aussi • d'une lumière jaune d'or. • Cette lumière • te donne la joie de vivre, • la gaieté • et la confiance en toi.

Une lumière verte • salvatrice • rayonne. Autour de toi, • l'air a pris • une douce teinte verte. Cette lumière • t'apporte la guérison, • la croissance spirituelle • et l'équilibre intérieur.

Les cristaux de glace • rayonnent maintenant • d'une lumière bleu ciel. • L'air qui t'entoure • luit à présent • de cette lumière d'un bleu céleste. • Cette lumière • amène sur tes lèvres • les mots qu'il faut • au bon moment.

Les cristaux de glace suivants • irradient une teinte violette. • L'air, autour de toi, • brille maintenant • d'une lumière violette apaisante. • Cette lumière • t'apporte la paix intérieure, • fortifie ta foi • et éclaire ta spiritualité.

Une lumière blanche • immaculée • rayonne. • L'air, autour de toi, • scintille • de cette pure lumière blanche. • Cette lumière • t'apporte la paix universelle, • le calme et la sécurité • qui embrassent tout.

Vois • comme la galerie de glace • rayonne et scintille maintenant.

Devant le lac gelé, • tu aperçois • l'Ange de la Compréhension. • Il te regarde • avec amour et sagesse. • Va vers lui • et salue-le aimablement.

Il te fait une déclaration :

Comprendre, c'est être à l'écoute de l'autre et de toi-même, sans évaluer, sans juger et sans te condamner toi-même ni condamner les autres. Libère-toi de la peur de ne pas être assez bien ou de ne pas avoir le droit d'être tel(le) que tu es.

Devant le lac, • il y a des patins à glace tout neufs • à ta pointure. • Chausse-les • et jouis de ta course avec les anges • sur le lac gelé • qui vous porte en toute sécurité. • Si tu le souhaites, • tu peux poser une question à l'Ange de la Compréhension • ou bien lui demander conseil.

Courte pause (2 à 5 minutes pour les enfants ; 5 à 20 minutes pour les adultes).

Peu à peu • vient le moment • où tu dois revenir.

L'Ange de la Compréhension prend congé de toi avec ces mots :

Ne sois pas si sévère envers toi-même ! • Ne blesse pas ton âme • en te méjugeant • et en te rabaissant toi-même. • Les anges ne te condamnent pas ! • Dieu ne te condamne pas ! • C'est seulement quand on commet des erreurs • qu'on gagne en expérience • et que l'on peut grandir. • Nous connaissons • les mobiles supérieurs • de ta vie • et comprenons ta manière d'agir. • Nous te regardons • avec les yeux de l'amour inconditionnel • et sommes à tes côtés pour te protéger. • Dieu • t'aime !

Heureux/heureuse de ce que tu as vécu, • tu remercies l'Ange de la Compréhension • et tu prends congé de lui • pour aujourd'hui.

Tandis que, • maintenant, • tu ôtes les patins • et mets les grosses chaussures, • ton Ange Gardien fredonne une mélodie. ••• Successivement, • les lumières colorées • s'éteignent.

D'abord • s'éteint la lumière blanche, ••• puis la violette, ••• puis la bleu ciel ••• et la lumière verte ; ••• maintenant s'éteint la lumière jaune d'or, ••• puis la lumière orange ••• et enfin la lumière rouge.

À présent, • on ne voit plus rien • des lumières colorées.

Accompagné(e) de ton Ange Gardien, • tu prends le chemin de la sortie • pour retrouver la prairie de montagne. • Parvenu(e) à l'entrée de la caverne, tu ôtes • tes vêtements chauds d'hiver. ••• Ton Ange Gardien fait un signe de la main • et les torches au magnésium • s'éteignent toutes.

Revenu(e) dans la prairie de montagne, • tu remercies ton Ange Gardien • en l'embrassant avec sincérité • afin qu'il soit toujours là pour toi. ••• Maintenant, • tu es prêt(e) • à revenir • dans ton quotidien.

POSTLUDE

Maintenant, • inspire et expire profondément. ••• Tu sens • comme tu t'éveilles lentement • et reviens dans le quotidien. ••• Respire encore une fois • profondément. • À présent, • tu sens de nouveau ton corps, ••• tes bras ••• et tes jambes. ••• Inspire et expire encore une fois profondément. • Remue lentement tes bras, ••• tes mains, ••• tes jambes, ••• étire-toi, • ouvre lentement les yeux • et, • joyeux/joyeuse et reposé(e), • reviens dans ton quotidien.

L'ANGE DE LA CONFIANCE

Avoir confiance, c'est être sûr[e] que l'on peut s'en remettre à quelqu'un ou à quelque chose. La confiance en toi-même et dans la guidance divine t'offre la liberté d'aller vers les autres hommes et de maîtriser le jeu de la vie.

PRÉLUDE

Étends-toi très détendu(e), • étire les jambes • et laisse tomber les pieds • lentement vers l'extérieur. ••• Tes bras • reposent relaxés • sur les côtés. • Ferme les yeux, • inspire • et expire calmement. • Sens • combien tu deviens • plus calme • à chaque respiration. • À chaque expiration, • tu lâches • tout ce qui t'a occupé(e) • jusqu'ici. ••• Laisse défiler tes pensées • comme de petits nuages blancs • dans un ciel ensoleillé. ••• La pression • en toi-même • devient plus légère • et s'écoule avec l'expiration. ••• À l'inspiration, • tu respires la légèreté • et la liberté, • qui te facilitent • l'accès • à la profondeur de l'être. ••• Tu te sens calme • et satisfait(e), • tu es totalement relaxé(e). ••• Maintenant, tu peux voyager en imagination • dans le royaume • des anges.

MÉDITATION

Imagine • que tu te trouves sur ta plage préférée. • C'est une journée d'été • agréablement chaude. • La mer • brille et scintille • sous les rayons dorés du soleil. • Des papillons blancs • dansent dans l'air clair estival. • La plage luit • comme si des millions de diamants minuscules • y étaient cachés.

Assieds-toi dans le sable doux, ◦ agréablement chaud ◦ et jouis ◦ du miroitement de la mer. ◦ Sens ◦ l'énergie nourricière de la terre ◦ et relie-toi à elle ◦ dans la légèreté.

Ouvre tes mains ◦ aux rayons célestes du soleil ◦ et sens que le Père céleste ◦ te prend par la main ◦ à travers ces rayons. ◦◦◦ Jouis ◦ de la relation pleine d'amour ◦ du Ciel et de la Terre.

Ton Ange Gardien ◦ apparaît maintenant à tes côtés ◦ et tu sens ◦ que ton amour à son égard ◦ est de plus en plus fort, ◦ de plus en plus confiant. ◦ C'est une sensation bienfaisante ◦ que de ressentir en toi ◦ son amour, ◦ sa proximité ◦ et sa confiance en toi. ◦ Salue-le ◦ et jouis ◦ de son embrassement plein d'amour.

Aujourd'hui, ◦ ton Ange Gardien voudrait ◦ naviguer à la voile ◦ avec toi ◦ vers les anges de la confiance. ◦◦◦ Tu regardes la mer ◦ et tu vois un grand voilier ◦ splendide ◦ qui cingle vers toi. ◦◦◦ Une sensation de bien-être t'envahit, ◦ car tu sais ◦ que le capitaine du bateau ◦ est un ami céleste ◦ que tu connais depuis déjà très longtemps.

Avec joie, ◦ tu montes à bord ◦ du voilier ◦ maintenant à l'ancre devant toi. ◦ Salue ton ami céleste, ◦ le capitaine. ◦◦◦ Le capitaine lève la main en souriant, ◦ l'ancre est hissée ◦ et le voyage commence.

Tandis que le bateau gagne la haute mer, ◦ le capitaine te tend ◦ huit étoiles de mer colorées. ◦◦◦ Sur un signe de sa part, ◦ tu jettes les étoiles de mer ◦ l'une après l'autre ◦ dans la mer. ◦ D'abord l'étoile de mer rouge, ◦ puis l'orange, ◦ la jaune d'or, ◦ la verte, ◦ la bleu ciel, ◦ la bleu roi, ◦ la violette ◦ et enfin l'étoile de mer blanche. ◦ Les étoiles de mer, ◦ qui dansent à la surface de l'eau, ◦ sont merveilleuses à regarder.

Ton Ange Gardien fait un geste de la main • et successivement • les étoiles de mer multicolores • se transforment • en fleurs marines lumineuses, • qui déploient lentement leur corolle.

D'abord, • l'étoile de mer rouge se transforme • en une vigoureuse fleur marine d'un rouge lumineux, • qui ouvre maintenant ses pétales rouges. • Regarde ce qui se passe. • Une sirène • à la chevelure d'un rouge étincelant • nage vers toi en te souriant • et met la fleur rouge dans ses cheveux.

L'étoile de mer orange se transforme maintenant • en une somptueuse fleur marine orange, • qui ouvre à présent ses pétales. • Une petite sirène • met la fleur orange dans sa longue • et ondulante chevelure orange • et nage en souriant vers sa sœur aux cheveux rouges.

L'étoile de mer jaune d'or • se transforme en une rayonnante fleur marine • jaune d'or • qui ouvre maintenant ses pétales. • Cette fleur jaune d'or • trouve sa place • dans la chevelure jaune et bouclée • d'une sirène gracieuse. • Elle te sourit • et la fleur se met à scintiller d'or • et de jaune.

L'étoile de mer verte • se transforme en une scintillante fleur marine • verte • qui ouvre maintenant ses pétales. • Une sirène à la chevelure verte • met dans ses cheveux • cette magnifique fleur verte. • Elle te fait un signe en souriant.

L'étoile de mer bleu ciel • se transforme en une fleur marine • d'un bleu céleste, • qui ouvre à présent ses pétales. • La fleur trouve sa place • dans la chevelure bleu ciel et bouclée • d'une sirène qui chante.

L'étoile de mer bleu roi • se transforme en une royale fleur marine • bleu foncé, • qui ouvre maintenant ses pétales. • Une sirène émerge en riant ◦ et met, ◦ dans sa longue chevelure ◦ lisse et humide, ◦ cette fleur bleu roi.

L'étoile de mer violette ◦ se transforme en une fleur marine fascinante, ◦ d'un violet lumineux, ◦ qui ouvre maintenant ses pétales. ◦ Une sirène aux cheveux violets place sans sa chevelure ondulée cette fleur d'un violet lumineux.

Maintenant, ◦ l'étoile de mer blanche se transforme ◦ en une fleur marine ◦ d'un blanc immaculé, ◦ qui ouvre à présent ses pétales. ◦ Cette fleur blanche trouve ◦ sa place ◦ dans la longue chevelure ◦ d'un blanc argenté ◦ d'une sirène rayonnante.

Les sirènes ◦ se disposent en cercle. ◦ Elles fredonnent une aimable mélodie, ◦ ouvrent leurs mains en direction du ciel ◦ et laissent s'écouler de leurs paumes des rayons lumineux ◦ prenant les teintes de l'arc-en-ciel.

Ces rayons lumineux ◦ se transforment ◦ en un gigantesque portail de lumière, ◦ par lequel vous pouvez pénétrer avec votre voilier ◦ dans le royaume des anges de la confiance. ◦◦◦ Vous cinglez à travers le portail de lumière ◦ et parvenez maintenant ◦ sur une plage ◦ scintillant de sable doré, ◦ où vous jetez l'ancre. ◦ Accompagné(e) de ton Ange Gardien, ◦ tu avances sur cette plage.

Partout, ◦ cela scintille d'or, ◦ de blanc ◦ et de nacre. ◦ Le soleil ◦ irradie ses rayons d'or. ◦ Au ciel ◦ brillent des millions ◦ de cœurs lumineux, dorés, minuscules, ◦ qui font chatoyer ◦ l'air autour de toi. ◦◦◦ Sur la plage, ◦ il y a un gros coquillage nacré, ◦ qui s'ouvre maintenant très lentement. ◦◦◦ Il en émane ◦ une lumière aux couleurs de l'arc-en-ciel, ◦ qui dessine sur la voûte céleste ◦ un merveilleux arc-en-ciel lumineux, ◦ lequel s'étire en une pyramide de lumière dorée. ••• Là • où se termine l'arc-en-ciel • se trouve • la porte dorée • de la pyramide lumineuse. ••• Ton Ange Gardien te prend par la main en souriant • et, • ensemble, • vous parcourez le court espace • qui mène à la pyramide.

Parvenus devant le portail doré, • vous voyez celui-ci s'ouvrir doucement et silencieusement et, • derrière la porte, • enveloppé d'une lumière dorée, • se tient l'Ange de la Confiance. ••• Il te regarde • avec amour et sagesse. • Va vers lui • et salue-le aimablement. • D'un geste d'invitation de la main, • il te prie • d'entrer dans la pyramide de lumière.

Dans chaque coin de la pyramide, • tu vois • un ange, • enveloppé d'une lumière dorée, • debout, en train de prier. • Ce sont les anges de la confiance, • qui, par leurs prières, • encouragent les êtres humains • à se faire confiance à eux-mêmes • dans la vie • et à faire confiance à Dieu.

L'Ange de la Confiance te déclare :

Faire confiance, • c'est être sûr(e) • qu'on peut s'en remettre à quelqu'un • ou à quelque chose. • La confiance en toi-même • et dans la guidance divine • te donne la liberté • d'aller vers les autres hommes • et de maîtriser le jeu de la vie.

Au milieu de la pyramide, • il y a un grand coquillage doré. ••• L'Ange de la Confiance fait un signe de la main, • le coquillage s'ouvre • et se transforme • en un merveilleux lit de coquillages.

Étends-toi avec confiance sur le lit, • repose-toi • et laisse les prières des anges te guérir. ••• Tu es tout à fait détendu(e), • tu te sens bien et protégé(e). ••• Si tu le souhaites, • tu peux poser une question aux anges • ou leur demander conseil.

Courte pause (2 à 5 minutes pour les enfants ; 5 à 20 minutes pour les adultes).

Peu à peu • vient maintenant le moment • où tu dois revenir.

L'Ange de la Confiance • a encore un cadeau pour toi. • Il te tend • un petit coquillage en or • et prend congé de toi avec ces paroles :

Chaque fois • que tu auras le sentiment • que ta confiance en toi est trop petite, • ouvre ce coquillage en or • et laisse l'énergie de la confiance • te fortifier.

Tu sais • que les anges sont toujours là pour toi • et restent à tes côtés • pour te prodiguer aide et conseils. • Notre réponse • trouve toujours • le chemin qui mène à toi.

Avec amour, • tu prends congé • des anges de la confiance • et tu remercies • pour tous les cadeaux • et les prières.

Joyeux/joyeuse, • fortifié(e) • et plein(e) de confiance, • tu prends en souriant la main de ton Ange Gardien. • Accompagné(e) de lui, tu prends le chemin du retour • en franchissant la porte dorée, • puis tu longes la plage scintillante • jusqu'au voilier.

Le capitaine vous souhaite la bienvenue à bord • et, avec vous, passe le portail lumineux.

Les sirènes vous attendent déjà. ••• Elles te font des clins d'œil, • frappent trois fois dans leurs mains, ••• le portail doré devient invisible • et les rayons de lumière colorée • inondent les fleurs marines de teintes correspondantes.

Les sirènes ôtent les fleurs marines de leurs cheveux. • Successivement se ferment les corolles, • qui se transforment de nouveau • en étoiles de mer colorées.

La fleur marine blanche se ferme la première, ••• puis se ferment la violette, ••• la bleu roi, ••• la bleu ciel, ••• la verte, ••• la jaune d'or, ••• l'orange, ••• et enfin la fleur marine rouge.

Les sirènes • placent les étoiles de mer dans un filet • et le capitaine les hisse à bord. ••• Vous êtes prêts maintenant • à parcourir le court chemin • qui mène à ta plage préférée. • Arrivé(e) là, • tu prends aimablement congé • de ton capitaine et, • accompagné(e) de ton Ange Gardien, • tu rentres chez toi par la plage.

Heureux/heureuse et détendu(e), • tu es maintenant prêt(e) • à revenir • dans ton quotidien.

POSTLUDE

Maintenant, • inspire et expire profondément. ••• Tu sens • comme tu t'éveilles lentement • et reviens dans le quotidien. ••• Respire encore une fois • profondément. • À présent, tu sens de nouveau ton corps, ••• tes bras ••• et tes jambes. ••• Inspire et expire encore une fois profondément. • Remue lentement tes bras, ••• tes mains, ••• tes jambes, ••• étire-toi, • ouvre lentement les yeux • et, • joyeux/joyeuse et reposé(e), • reviens dans ton quotidien.

L'ANGE DU COURAGE

Les anges du courage sont toujours là pour leurs protégés. Les grands cierges blancs brûlent, symboles de l'itinéraire de vie de chaque personne. Chaque ange du courage fortifie, dans la prière, son/sa protégé(e), pour qu'il/elle suive son propre chemin de vie sans se conformer aux représentations d'autrui.

PRÉLUDE

Étends-toi très détendu(e), • étire tes jambes • et laisse retomber tes pieds • lentement vers l'extérieur. ••• Tes bras • reposent relaxés • sur les côtés. • Ferme les yeux, • inspire • et expire calmement. • Sens • combien tu deviens • plus calme • à chaque respiration. • À chaque expiration, • tu lâches • tout ce qui t'a préoccupé(e) • jusqu'ici. ••• Laisse défiler tes pensées • comme de petits nuages blancs • dans un ciel ensoleillé. ••• La pression • en toi-même • devient plus légère • et s'écoule avec l'expiration. ••• À l'inspiration, • tu respires la légèreté • et la liberté, • qui te facilitent • l'accès • à la profondeur de ton être. ••• Tu te sens calme • et satisfait(e), • tu es totalement relaxé(e). ••• Maintenant, • tu peux voyager en imagination • dans le royaume • des anges.

MÉDITATION

Imagine • que tu te trouves au bord d'un merveilleux lac forestier. • C'est une nuit d'été claire et étoilée, • agréablement chaude. • Des millions d'étoiles • scintillent sur la voûte céleste bleu roi. • La lune argentée • inonde la terre • de ses rayons lumineux et clairs.

La brise • caresse doucement • tes cheveux. ••• Le merveilleux chant d'un rossignol retentit, • des feuilles de bouleau bruissent dans le vent • et d'innombrables vers luisants • dansent dans la chaude nuit d'été.

Tu es très détendu(e), • tu te sens bien et protégé(e). ••• Tandis que tu observes la danse des vers luisants, • tu sens • ton Ange Gardien s'approcher de toi. • C'est une sensation bienfaisante • que de ressentir son amour, • sa proximité • et sa confiance en toi. • Salue-le • et jouis • de son embrassement plein d'amour.

Aujourd'hui, • il voudrait visiter avec toi • l'Ange du Courage. • Ton cœur jubile de joie • et tu sais • que quelque chose de très particulier va arriver. ••• Ton Ange Gardien fait un geste de la main et, • dans le ciel de cette nuit d'été, • sept étoiles se transforment • en sept étoiles filantes merveilleuses. ••• Successivement, • elles se mettent à luire dans les couleurs de l'arc-en-ciel • et répandent une poussière d'étoiles scintillantes • sur le lac forestier.

Tout d'abord, • une étoile filante rayonne • d'une lumière rouge réconfortante • et répand • une poussière d'étoiles scintillantes • sur le lac forestier. • L'air, autour de toi, • irradie maintenant • cette lumière rouge.

La deuxième étoile filante • rayonne • d'une lumière orange • qui apporte la gaieté • et répand, • sur le lac forestier, • une poussière d'étoiles • qui scintillent dans la teinte orange. • L'air, autour de toi, • irradie • cette lumière orange.

L'étoile filante suivante • rayonne • d'une lumière jaune d'or • qui apporte la confiance • et fait pleuvoir • sur le lac forestier •

une poussière d'étoiles • qui scintillent dans la couleur jaune d'or. • L'air, autour de toi, • irradie • cette lumière jaune d'or.

La quatrième étoile filante • rayonne • d'une lumière verte curative • et répand • une poussière d'étoiles qui scintillent en vert • sur le lac forestier. • L'air, autour de toi, • irradie • cette lumière verte.

La cinquième étoile filante • rayonne • d'une lumière d'un bleu céleste • et répand, • sur le lac forestier, • une poussière d'étoiles qui scintillent dans la teinte bleue. • L'air, autour de toi, • irradie • cette lumière bleu ciel.

L'étoile filante suivante • rayonne • d'une lumière violette • apaisante • et fait pleuvoir • sur le lac forestier • une poussière d'étoiles qui scintillent en violet. • L'air, autour de toi, • irradie • cette lumière violette.

Une étoile filante d'un blanc immaculé • rayonne • et répand sur le lac forestier • une poussière d'étoiles • aux reflets nacrés. • L'air, autour de toi, • irradie • cette lumière blanche.

Ton Ange Gardien fredonne une mélodie • et la poussière d'étoiles scintillante • et multicolore • se transforme en un portail lumineux. • Derrière le portail • t'attend • un grand nuage blanc, • douillet et câlin, • qui te conduira, en toute sécurité, • dans le temple étoilé • des anges du courage.

Avec ton Ange Gardien, • tu prends place sur le nuage • et voilà qu'il plane déjà lentement, • à travers la poussière d'étoiles scintillantes, • dans la direction • du temple étoilé bleu roi. ••• Tu es tout à fait détendu(e), • tu te sens en sécurité • et protégé(e).

Doucement, • le nuage monte de plus en plus haut • à travers la poussière d'étoiles qui scintillent en rouge, ••• à travers la poussière d'étoiles orangée, ••• la jaune d'or, ••• la verte, ••• la bleu ciel, ••• la violette ••• et la poussière d'étoiles nacrées.

Devant le somptueux portail doré, • à deux battants, • du temple étoilé, • ton nuage blanc s'arrête. ••• La porte s'ouvre, • ton Ange Gardien te prend la main en souriant • et vous pénétrez ensemble dans le temple étoilé. ••• Quelle splendeur !

Où que se porte ton regard, • tu vois brûler de grands cierges blancs. • Tu vois un océan de lumières • composé de millions • de cierges éclatants. ••• Devant chaque cierge • se tient • un ange vigoureux, rayonnant et beau, • abîmé dans la prière. • Ce sont les anges du courage.

L'un des anges vient vers toi en souriant, • c'est l'Ange du Courage, • qui se tient à tes côtés. • Il te regarde avec amour • et sagesse. • Va à sa rencontre • et salue-le amicalement.

Il te déclare :

Tous les anges du courage • sont toujours là pour leurs protégés. • Les grands cierges blancs brûlent, • symboles du chemin de vie de chaque être humain. Chaque Ange du Courage • fortifie, dans la prière, • son/sa protégé(e), • afin qu'il/elle puisse aller courageusement son propre chemin dans la vie, • sans se conformer aux représentations d'autrui.

Dans une salle latérale du temple étoilé, • il y a un grand lit en forme d'étoile.

Étends-toi en confiance sur ce lit • et laisse-toi guérir par l'Ange du Courage. ••• Si tu le désires, tu peux lui poser une question • ou bien lui demander conseil.

Courte pause (2 à 5 minutes pour les enfants ; 5 à 20 minutes pour les adultes).

Tout doucement, • le moment arrive • où tu dois revenir.

L'Ange du Courage a encore un cadeau pour toi.

Il te tend un cierge blanc • et prend congé de toi avec les paroles suivantes :

Chaque fois • que tu dois prendre une décision importante, • ou que tu te sens incertain(e), • allume ton cierge • avec la demande • de reconnaître • ce qui est actuellement approprié • et correct. • La réponse des anges te trouvera toujours ! • Tu dois aller ton propre chemin. • Seul ton chemin personnel, • avec toutes ses possibilités et tous ses défis, • te fera grandir spirituellement et fera mûrir ta personnalité.

Tu remercies l'Ange du Courage • et tu prends congé de lui • avec un embrassement plein d'amour. ••• Tu sais • que tu n'es jamais seul(e) • sur ton chemin de vie !

Accompagné(e) de ton Ange Gardien, • tu refais maintenant le chemin inverse • par le portail doré du temple étoilé • et tu reprends place • sur le nuage blanc douillet • qui te ramène confortablement • et en toute sécurité • au lac forestier. • Lentement, • le nuage glisse à travers la poussière d'étoiles scintillantes • et reprend la direction du lac.

D'abord, • à travers la poussière d'étoiles nacrées, ••• puis à travers la poussière d'étoiles violettes, ••• à travers la bleu clair, ••• la verte, ••• la jaune d'or, ••• l'orangée, ••• et enfin à travers la poussière d'étoiles rouges.

Avec ton Ange Gardien, • tu foules de nouveau l'herbe de la prairie, • devant le lac forestier. ••• Ton Ange Gardien murmure une mélodie • et le portail lumineux • se transforme de nouveau • en une poussière d'étoiles multicolores qui scintillent. ••• Successivement, chaque poussière d'étoiles redevient l'étoile filante • de couleur correspondante.

La poussière d'étoiles nacrées • reforme • l'étoile filante blanche, ••• la poussière d'étoiles violettes • reforme • l'étoile filante violette, ••• la poussière d'étoiles bleu ciel • reforme • l'étoile filante bleu ciel, ••• la poussière d'étoiles vertes • reforme • l'étoile filante verte, ••• la poussière d'étoiles jaune d'or • reforme • l'étoile filante jaune d'or, ••• la poussière d'étoiles orange • reforme • l'étoile filante orange, ••• et enfin la poussière d'étoiles rouges • reforme • l'étoile filante rouge.

Ton Ange Gardien fait un signe de la main • et les étoiles filantes multicolores • se transforment de nouveau • en étoiles claires et lumineuses • au firmament d'été étoilé.

Rayonnant(e) de bonheur, • tu regardes ton Ange Gardien • et tu es maintenant de nouveau prêt(e) • à revenir dans ton quotidien.

POSTLUDE

Maintenant, • inspire et expire profondément. ••• Tu sens • comme tu t'éveilles lentement • et reviens dans le quotidien. ••• Respire encore une fois • profondément. • À présent, • tu sens de nouveau ton corps, ••• tes bras, ••• tes jambes. ••• Inspire et expire encore une fois profondément. • Remue lentement tes bras, ••• tes mains, ••• tes jambes, ••• étire-toi, • ouvre lentement les yeux • et, • joyeux/joyeuse et reposé(e), • reviens dans ton quotidien.

L'ANGE DES ÉTUDES

L'école, la formation et/ou les études te munissent du savoir fondamental nécessaire pour parcourir avec succès le chemin de ta vie. La vie est apprentissage !

PRÉLUDE

Étends-toi très détendu(e), • étire tes jambes • et laisse retomber tes pieds • lentement vers l'extérieur. Tes bras • reposent relaxés • sur les côtés. • Ferme les yeux, • inspire • et expire calmement. • Sens • combien tu deviens • plus calme • à chaque respiration. • À chaque expiration, • tu lâches • tout ce qui t'a occupé(e) • jusqu'ici. ••• Laisse défiler tes pensées • comme de petits nuages blancs • dans un ciel ensoleillé. ••• La pression • en toi-même • devient plus légère • et s'écoule avec l'expiration. ••• À l'inspiration, • tu respires la légèreté • et la liberté, • qui te facilitent • l'accès • à la profondeur de ton être. ••• Tu te sens calme • et satisfait(e), • tu es totalement relaxé(e). ••• Maintenant, • tu peux voyager en imagination • dans le royaume • des anges.

MÉDITATION

Imagine • que tu te trouves dans un grand et merveilleux parc. • C'est une journée de printemps • agréablement chaude. • Le soleil brille d'un beau jaune d'or, • l'air est transparent • et pur.

Tu vois de grands parterres de fleurs, • somptueux, • bigarrés, • de vieux arbres magnifiques, • de nombreuses plantes exotiques et, • au milieu du parc, • tu découvres • une fontaine jaillissante, • majestueuse, • où clapote une eau claire.

Tandis que tu considères la fontaine, • tu sens • ton Ange Gardien, qui s'approche de toi. • Tu ressens l'amour profond qu'il a pour toi • et la confiance qu'il a en toi. • Salue-le • et jouis • de son embrassement plein d'amour.

Aujourd'hui, • il voudrait visiter avec toi • les anges des études. ••• Tu te réjouis beaucoup • et tu pressens • que quelque chose de merveilleux va arriver. ••• À ta droite, • tu vois • une grande et magnifique pergola • sur laquelle diverses plantes grimpantes, • avec de nombreux bourgeons multicolores, • s'élèvent. • Elle est aussi longue • et large qu'un petit tunnel, • qu'il est aisé • de traverser en flânant.

Avec ton Ange Gardien, • tu fais les quelques pas • qui vous séparent • de la grande pergola.

Ton Ange Gardien fait un geste de la main et, • pendant que tu te promènes sous le feuillage, • les nombreuses fleurs bigarrées • ouvrent successivement • leurs corolles.

D'abord • s'ouvrent toutes les fleurs rouges. • Elles rayonnent d'une lumière rouge vigoureuse, • qui enracine. • Sens • comme l'énergie de la lumière rouge • te confère force • et courage • sur tous tes chemins.

Ce sont maintenant • les fleurs orange • qui s'ouvrent. • Elles rayonnent • d'une lumière orange • qui apporte la joie. • Sens • comme les énergies de la joie • et de la gaieté • rayonnent en toi.

Les fleurs jaune d'or • ouvrent maintenant • leurs pétales. • Elles rayonnent • d'une lumière jaune d'or • qui apporte la confiance. • Ressens • combien les énergies de la confiance en soi et de la joie de vivre • grandissent en toi.

Les feuilles vertes • des fleurs roses • s'épanouissent, • lesquelles déploient ensuite • leurs pétales roses. • Elles rayonnent • d'une lumière • verte • et rose. • Ressens • comme les énergies de l'harmonie, • de la guérison • et de l'amour • touchent ton âme.

Les fleurs bleu ciel ouvrent à présent • leurs pétales. • Elles rayonnent • d'une lumière d'un bleu céleste. • Sens • comme l'énergie de la communication • et l'énergie des paroles qui guérissent • touchent ton cœur.

Ce sont maintenant • les fleurs violettes qui déploient • leurs merveilles. • Elles rayonnent • d'une lumière violette • qui apporte la paix. • Sens • combien l'énergie de la paix • devient en toi de plus en plus forte.

Les fleurs blanches • ouvrent à présent • leurs merveilleuses corolles. • Elles rayonnent • d'une lumière blanche • immaculée. • Ressens • combien l'énergie de la lumière blanche • te donne sécurité • et calme.

Tu te tiens maintenant • devant la grande porte • à deux battants • qui conduit au temple des Études. ••• Ton Ange Gardien fredonne une mélodie. • La porte s'ouvre doucement • et sans bruit. • À présent, vous pénétrez de concert • dans le temple.

Le temple des Études • est parcouru • de nombreux couloirs • principaux et annexes. • Ici se trouvent de nombreux rayonnages, • anciens, merveilleux, décorés d'ornements, • supportant d'innombrables livres, • tablettes d'argile • et rouleaux de papyrus.

Fasciné(e), tu embrasses tout du regard • en toute tranquillité. ••• Tu pénètres maintenant • dans une grande salle de lecture. • Devant un pupitre • se tient l'Ange des Études. • Il te regarde, plein d'amour • et en clignant des yeux. • Va vers lui • et salue-le amicalement.

Il te déclare :

L'école, • l'instruction, • les études • et la profession • sont des étapes importantes sur ton chemin de vie. • L'école, • l'instruction • et les études • te munissent du savoir fondamental nécessaire • pour parcourir ton chemin • avec succès.

Accompagné(e) des anges, • tu t'assieds dans un fauteuil très confortable • dans un coin • de la grande salle de conférence. ••• Si tu le désires, • tu peux poser des questions à l'Ange des Études • ou bien lui demander conseil.

Jouis • de ta rencontre avec l'ange.

Courte pause (2 à 5 minutes pour les enfants ; 5 à 20 minutes pour les adultes).

Tout doucement • arrive maintenant le moment • où tu dois revenir.

L'Ange des Études prend congé de toi avec ces paroles :

Il y a un temps pour apprendre, • un temps pour jouer • et un temps pour la spiritualité. • Établis, pour toi-même, • un équilibre • entre les études, • le travail, • le jeu • et la spiritualité ; • cela t'aidera • à atteindre • tes objectifs.

Plein(e) d'amour, tu prends congé pour aujourd'hui • de l'Ange des Études. ••• Chaque fois • que tu auras besoin de son aide, • pense à lui • et sa réponse • te trouvera.

Accompagné(e) de ton Ange Gardien, • tu prends maintenant le chemin du retour • par la porte à deux battants, • en direction de la pergola. • Ton Ange Gardien fredonne une mélodie, • et la porte • se referme derrière toi. • À présent, il fait un geste de la main et, • tandis que tu retraverses la pergola, • les corolles • des plantes grimpantes multicolores • se referment successivement.

Les fleurs blanches • ferment d'abord • leurs corolles. ••• Puis les fleurs violettes ••• et les fleurs bleu ciel ferment les leurs. ••• Les fleurs roses dépouillent leurs vêtements • et leurs feuilles vertes. ••• Les fleurs jaune d'or, ••• les fleurs orange ••• et les fleurs rouges referment enfin • leurs corolles.

De bonne humeur • et reposé(e), • tu es de retour dans le parc. ••• Tu es prêt(e) maintenant • à revenir • dans ton quotidien.

POSTLUDE

Maintenant, • inspire et expire profondément. ••• Tu sens • comme tu t'éveilles lentement • et reviens dans le quotidien. ••• Respire encore une fois • profondément. • À présent, • tu sens de nouveau ton corps, ••• tes bras ••• et tes jambes. ••• Inspire et expire encore une fois profondément. • Remue lentement tes bras, ••• tes mains, ••• tes jambes, ••• étire-toi, • ouvre lentement les yeux • et, • joyeux/joyeuse et reposé(e), • reviens dans ton quotidien.

L'ANGE GARDIEN

Ange de Dieu, toi mon refuge,
à travers qui son amour me protège,
qu'il soit nuit, qu'il soit jour,
sois à mes côtés,
éclaire-moi et protège-moi,
conduis-moi et guide-moi.
(SAGESSE POPULAIRE)

PRÉLUDE

Étends-toi très détendu(e), • étire tes jambes • et laisse retomber tes pieds • lentement vers l'extérieur. Tes bras • reposent relaxés • sur les côtés. • Ferme les yeux, • inspire • et expire calmement. • Sens • combien tu deviens • plus calme • à chaque respiration. • À chaque expiration, • tu lâches • tout ce qui t'a occupé(e) • jusqu'ici. ••• Laisse défiler tes pensées • comme de petits nuages blancs • dans un ciel ensoleillé. ••• La pression • en toi-même • devient plus légère • et s'écoule avec l'expiration. ••• À l'inspiration, • tu respires la légèreté • et la liberté, • qui te facilitent • l'accès • à la profondeur de ton être. ••• Tu te sens calme • et satisfait(e), • tu es totalement relaxé(e). ••• Maintenant, • tu peux voyager en imagination • dans le royaume • des anges.

MÉDITATION

Imagine • que tu te trouves dans une prairie aux couleurs somptueuses. • C'est une journée d'été • agréablement chaude. • De petits nuages blancs • se balancent doucement • dans un ciel bleu et clair.

Tu vois des fleurs de toutes les couleurs. • Des rouges, • des orange, • des jaune d'or, • des roses au feuillage merveilleusement vert, • des bleu ciel, des bleu roi, des violettes • et des fleurs blanches. ••• Maintenant, • elles ouvrent toutes leurs corolles • et illuminent • leurs somptueux vêtements.

Regarde • les papillons multicolores • qui dansent partout dans l'air clair, • chaud • et ensoleillé. • C'est magnifique à contempler. • Tu es complètement détendu(e), • tu te sens bien • et protégé(e).

Un écureuil • sautille gaiement dans la prairie. • Tu le suis des yeux • et tu découvres • un vieil arbre • puissant et vigoureux. • Là, • sous l'arbre, • ton Ange Gardien t'attend.

Va joyeusement vers lui • et salue-le cordialement. • Ressens sa proximité confiante, • son amour pour toi • et la confiance qu'il te témoigne. • Il se réjouit beaucoup • que tu sois en sa compagnie. • Jouis de son embrassement • plein d'amour • et qui dispense la force.

Ton Ange Gardien te connaît très bien. • Il te connaît • depuis l'origine des temps. • Il est au courant de tous tes objectifs, • de tes désirs, • de tes soucis • et de tes angoisses. Il est toujours à tes côtés pour t'aider. • Tu peux toujours t'adresser à lui • en toute confiance.

Jouis • de sa compagnie. ••• Si tu le souhaites, • tu peux lui poser une question • ou bien lui demander conseil.

Courte pause (de 2 à 5 minutes pour les enfants ; de 5 à 20 minutes pour les adultes).

Peu à peu • arrive le moment • où tu dois revenir.

Tu remercies ton Ange Gardien • pour le temps que tu as passé avec lui • et pour tout ce qu'il te donne • et t'a donné.

Il te tend • une plume blanche éclatante, • que tu ne peux que voir et toucher. • Elle est un signe de son amour • et de son attachement à toi. • Tu sais • qu'il est toujours là pour toi ! • Chaque fois • que tu as besoin de son aide, • pense à lui • et sa réponse te trouvera !

Accompagné(e) de ton Ange Gardien, • tu te promènes dans la prairie. ••• Vous contemplez ensemble les somptueuses fleurs multicolores, • qui à présent referment successivement leurs corolles.

Tout d'abord, • la fleur blanche dépouille son vêtement, ••• puis la violette en fait autant, puis la bleu roi ••• et la bleu ciel. ••• La fleur rose • ferme sa corolle avec ses feuilles vertes. ••• La fleur jaune d'or, ••• l'orange, ••• et enfin la fleur rouge • referment à présent leurs vêtements.

Joyeux/joyeuse • et détendu(e), • tu es maintenant prêt(e) • à revenir • dans ton quotidien.

POSTLUDE

Maintenant, • inspire et expire profondément. ••• Tu sens • comme tu t'éveilles lentement • et reviens dans le quotidien. ••• Respire encore une fois • profondément. • À présent, • tu sens de nouveau ton corps, ••• tes bras ••• et tes jambes. ••• Inspire et expire encore une fois profondément. • Remue lentement tes bras, ••• tes mains, ••• tes jambes, ••• étire-toi, • ouvre lentement les yeux • et, • joyeux/joyeuse et reposé(e), • reviens dans ton quotidien.

L'ANGE DE LA GRATITUDE

La gratitude présuppose que tu n'aies aucune attente envers les autres, et que tu ne te reconnaisses aucun droit face au bienfait qu'une autre personne te témoigne. La gratitude devrait venir du cœur, être ressentie dans le cœur ; sinon, ce n'est qu'une reconnaissance des lèvres !

PRÉLUDE

Étends-toi très détendu(e), • étire tes jambes • et laisse retomber tes pieds • lentement vers l'extérieur. Tes bras • reposent relaxés • sur les côtés. • Ferme les yeux, • inspire • et expire calmement. • Sens • combien tu deviens • plus calme • à chaque respiration. • À chaque expiration, • tu lâches • tout ce qui t'a occupé(e) • jusqu'ici. ••• Laisse défiler tes pensées • comme de petits nuages blancs • dans un ciel ensoleillé. ••• La pression • en toi-même • devient plus légère • et s'écoule avec l'expiration. ••• À l'inspiration, • tu respires la légèreté • et la liberté, • qui te facilitent • l'accès • à la profondeur de ton être. ••• Tu te sens calme • et satisfait(e), • tu es totalement relaxé(e). ••• Maintenant, • tu peux voyager en imagination • dans le royaume • des anges.

MÉDITATION

Imagine • que tu te trouves sur la terrasse rocheuse • d'une côte escarpée, ••• depuis laquelle tu as une vaste perspective • sur la mer. ••• C'est un jour d'été agréablement chaud. • L'air est clair, • le soleil brille, doré, • et le ciel • resplendit de son plus beau bleu. • Tu es tout à fait détendu(e), • tu te sens bien • et en sûreté.

Plus loin, à l'horizon, • tu peux reconnaître des fontaines de brume de diverses grandeurs. ••• Tu sais • que ces fontaines de brume naissent de l'air • qu'exhalent les baleines. • Vois • comme émerge une grande famille de baleines. • À leurs corps étroits, • gris bleu, avec leurs minuscules nageoires dorsales, • tu peux reconnaître • que ce sont des baleines bleues. • Au milieu de la famille de baleines, • tu découvres une mère baleine bleue avec son baleineau. • C'est magnifique à regarder.

Tandis que tu contemples les baleines, • tu sens • que ton Ange Gardien s'approche de toi. • Il te regarde, plein d'amour • et de confiance. • C'est une sensation bienfaisante • que de ressentir son amour, • sa proximité • et la confiance qu'il a en toi. • Salue-le • et jouis de son embrassement plein d'amour • et qui dispense la force.

Aujourd'hui, • ton Ange Gardien voudrait te présenter l'Ange de la Gratitude. ••• Ton Ange Gardien t'a apporté une boule de verre tout à fait particulière, • qu'il dépose maintenant dans l'herbe. ••• Il fredonne une mélodie et, • successivement, sept couleurs lumineuses • irradient de la boule, lesquelles, • comme un arc-en-ciel, • migrent au-dessus de la mer.

D'abord, • la boule de verre rayonne • d'une vigoureuse lumière rouge, • qui migre vers la mer • sous la forme d'un arc électrique. • Cette lumière donne la force, • le courage • et te relie à la terre.

Maintenant luit une lumière orange, • qui se dépose au-dessus de l'arc rouge • sous la forme d'un arc électrique orange. • Cette lumière orange • confère la gaieté • et amène un sourire sur ton visage.

Une lumière jaune d'or, • qui apporte la confiance, • rayonne et vient se poser sur l'arc orange • sous la forme d'un arc électrique jaune d'or. • Cette lumière jaune d'or • te donne la joie de vivre, la gaieté • et la confiance en toi.

À présent rayonne • de la boule de verre • une lumière verte • salutaire • qui se pose au-dessus de l'arc jaune d'or • sous la forme d'un arc électrique vert. • Cette lumière verte • t'apporte la guérison, • la croissance spirituelle • et l'équilibre intérieur.

Une lumière bleu ciel rayonne • et se pose au-dessus de l'arc vert • sous la forme d'un arc électrique bleu ciel. • Cette lumière bleu ciel met sur tes lèvres • les mots qu'il faut • au bon moment.

Une lumière violette • apaisante • rayonne et se pose au-dessus de l'arc bleu ciel • sous la forme d'un arc électrique violet. • Cette lumière violette • t'apporte la paix intérieure • et t'offre des rêves agréables.

De la boule de verre • rayonne à présent • une lumière blanche immaculée, • laquelle, en tant qu'arc électrique blanc, • se pose sur l'arc violet. • Cette lumière • t'apporte la paix universelle, • le calme intégral • et la sécurité totale. • Grâce à la lumière blanche, • tu es relié(e) • à l'amour de Dieu.

Ton Ange Gardien • fait un geste de la main • et l'Ange de la Gratitude • devient visible • à côté de toi. ••• Il te sourit avec amour. • Va vers lui • et salue-le aimablement. ••• Il te déclare :

La gratitude • présuppose • que tu n'aies aucune attente envers les autres • et que tu ne te reconnaisses aucun droit • face au bienfait • qu'une autre personne te témoigne. ••• La gratitude comporte • l'appréciation, • le respect • et la reconnaissance • pour ce qu'un autre • t'a donné • ou a fait pour toi.

À ta droite, • tu découvres • un vieux banc • taillé dans le roc. • Avec les deux anges, • tu t'assieds sur ce banc. • Jouis de la compagnie • des anges • et de la vue merveilleuse • sur la vaste mer.

Si tu le désires, • tu peux poser une question • à l'Ange de la Gratitude • ou lui demander conseil.

Courte pause (2 à 5 minutes pour les enfants ; 5 à 20 minutes pour les adultes).

Tout doucement • arrive le moment • où tu dois revenir.

L'Ange de la Gratitude prend congé de toi avec ces mots :

La gratitude • devrait venir du cœur, • être ressentie dans le cœur ; sinon, ce n'est qu'une reconnaissance des lèvres. • Passe en revue • le bien en toi • et dans ta vie. • Honore le bien • partout où tu le découvres. • Dans chaque situation • et dans chaque être humain, • concentre-toi sur le bien. • Estime les tâches • qui surviennent • sur ton chemin de vie • et que tu dois maîtriser ; • elles t'aident • à développer ta personnalité.

Remercie l'Ange de la Gratitude • pour tout • ce que tu as pu apprendre aujourd'hui, • et prends congé de lui pour l'instant. • Il te sourit, • ton Ange Gardien fait un geste de la main • et l'Ange de la Gratitude • devient à nouveau invisible pour toi.

Ton Ange Gardien • fredonne une mélodie. • L'arc électrique multicolore • commence maintenant à se dissoudre, • les lumières colorées • réintégrant successivement • la boule de verre.

L'arc électrique blanc • se dissout d'abord, • et la lumière blanche • réintègre la boule de verre.

Puis se dissolvent l'arc électrique violet, • le bleu ciel • et le vert. • Les lumières violette, bleu ciel et verte réintègrent la boule de verre.

Se dissolvent maintenant les arcs électriques jaune d'or • et orange, • et enfin l'arc électrique rouge. • Les lumières jaune d'or, • orange • et rouge • réintègrent la boule de verre.

On ne voit plus rien • à présent • des arcs électriques. ••• Plein(e) d'amour • et de gratitude, • tu es maintenant prêt(e) • à revenir dans ton quotidien.

POSTLUDE

Maintenant, • inspire et expire profondément. ••• Tu sens • comme tu t'éveilles lentement • et reviens dans le quotidien. ••• Respire encore une fois • profondément. • À présent, • tu sens de nouveau ton corps, ••• tes bras ••• et tes jambes. ••• Inspire et expire encore une fois profondément. • Remue lentement tes bras, ••• tes mains, ••• tes jambes, ••• étire-toi, • ouvre lentement les yeux • et, • joyeux/joyeuse et reposé(e), • reviens dans ton quotidien.

L'ANGE DES MERS

Si tu désires quelque chose de tout ton cœur,
si tu crois en toi-même et en tes rêves,
tu peux tout obtenir.

PRÉLUDE

Étends-toi très détendu(e), • étire tes jambes • et laisse retomber tes pieds • lentement vers l'extérieur. • Tes bras • reposent relaxés • sur les côtés. • Ferme les yeux, • inspire • et expire calmement. • Sens • combien tu deviens • plus calme • à chaque respiration. • À chaque expiration, • tu lâches • tout ce qui t'a occupé(e) • jusqu'ici. ••• Laisse défiler tes pensées • comme de petits nuages blancs • dans un ciel ensoleillé. ••• La pression • en toi-même • devient plus légère • et s'écoule avec l'expiration. ••• À l'inspiration, • tu respires la légèreté • et la liberté, • qui te facilitent • l'accès • à la profondeur de ton être. ••• Tu te sens calme • et satisfait(e), • tu es totalement relaxé(e). ••• Maintenant, • tu peux voyager en imagination • dans le royaume • des anges.

MÉDITATION

Imagine • que tu te trouves sur une plage merveilleuse. • C'est une journée d'été magnifiquement chaude. • L'air est clair, • le soleil irradie ses rayons dorés • et le ciel rayonne • d'un bleu céleste. • La brise • traverse délicatement • tes cheveux, • et les rayons du soleil • chatouillent doucement • le bout de ton nez.

Tu es tout à fait détendu(e), • tu te sens bien • et protégé(e). • Assieds-toi dans le sable doux, • agréablement chaud, • et jouis • des scintillements de le mer.

Ouvre • la paume de tes mains aux rayons du soleil • et sens • ton Ange Gardien • te prendre par la main. • C'est une sensation bienfaisante • que de ressentir en toi • son amour, • sa proximité • et la confiance qu'il a en toi. • Salue-le • et jouis • de son embrassement plein d'amour.

Aujourd'hui, • ton Ange Gardien • voudrait visiter avec toi l'Ange des Mers. ••• Tu te réjouis beaucoup • et tu sens • que quelque chose de très particulier t'attend. ••• À ta droite • se trouve une formation rocheuse. • Accompagné(e) de ton Ange Gardien, • tu fais les quelques pas • qui te séparent des rochers. • Là, • devant les rochers, • il y a des coquillages multicolores • particulièrement gros.

Ton Ange Gardien fait un geste de la main ; • Regarde • ce qui se passe. • L'un après l'autre, les coquillages s'ouvrent, et une merveilleuse lumière en émane, • qui se pose sur la paroi rocheuse • sous la forme d'un arc électrique.

D'abord • s'ouvre le coquillage rouge. • Il en émane • une vigoureuse lumière rouge, • qui se pose • sur la paroi rocheuse • sous la forme d'un arc électrique rouge.

C'est maintenant • le coquillage orange qui s'ouvre. • Il en émane • une lumière orange lumineuse, • qui se place au-dessus de l'arc rouge, • sous forme d'un arc électrique orange.

Le coquillage jaune d'or s'ouvre. • Il en émane • une lumière jaune d'or • qui apporte la confiance • et qui se pose au-dessus de l'arc orange • sous la forme d'un arc électrique jaune d'or.

À présent • s'ouvre le coquillage vert. • Il en émane • une lumière verte qui guérit • et qui se pose au-dessus de l'arc jaune d'or • sous la forme d'un arc électrique vert.

Le coquillage bleu ciel s'ouvre. • Il en émane • une lumière d'un bleu céleste, • qui vient se poser • au-dessus de l'arc vert • sous la forme d'un arc électrique bleu ciel.

Maintenant • s'ouvre le coquillage bleu roi. • Il en émane • une lumière bleu roi • qui tranquillise • et qui se pose au-dessus de l'arc bleu ciel • sous la forme d'un arc électrique bleu roi.

À présent • s'ouvre le coquillage violet. • Il en émane • une lumière violette • qui apporte la paix • et qui vient se poser au-dessus de l'arc bleu roi • sous la forme d'un arc électrique violet.

C'est maintenant • le coquillage blanc qui s'ouvre. • Il en émane • une lumière blanche immaculée, • qui vient se joindre • à l'arc de la paroi rocheuse • et transforme l'arc électrique multicolore • en un portail lumineux.

Ton Ange Gardien te sourit • et te conduit • à travers le portail • dans le royaume de l'Ange des Mers. ••• Tu te tiens maintenant • sur une merveilleuse plage scintillante, • dans une magnifique lagune.

Tout scintille, • étincelle et luit • dans des teintes somptueuses, partout où se dirige ton regard. • La mer resplendit dans tous les tons du bleu • au vert. • L'eau est si claire • que tu peux voir très profondément • dans l'abîme marin. • Tu vois des coraux, • des hippocampes • et des poissons • de toutes les tailles • et de toutes les couleurs.

Ce monde marin • vivant et bigarré • est splendide à regarder. • Il y a là le poisson-écureuil aux nageoires jaunes, • le poisson-perroquet bicolore, • des perches-fées multicolores, • le poisson aux lèvres bleues du docteur « Brosse-à-dents », • le poisson osseux à raies blanches • et bien d'autres encore.

Tu es totalement fasciné(e) • par ce monde sous-marin fabuleux. • Une sensation de liberté, • de gaieté • et de communion avec la nature • s'éveille en toi.

Tu es complètement détendu(e), • tu te sens bien • et protégé(e).

Ton Ange Gardien • pose doucement • sa main sur ton épaule, • car il voudrait te présenter quelqu'un. • À côté de lui se tient, • nimbé de la lumière des nuances marines, • l'Ange des Mers. • Il te regarde joyeusement • et avec amour. • Il lui plaît • que tu sois tellement fasciné(e) • par le monde marin. • Va vers lui • et salue-le aimablement.

L'Ange des Mers • a une surprise pour toi. • Il met une main sur sa bouche • et fredonne • une mélodie • à peine audible. • Après un court instant, • il te montre la mer de sa main • et tu peux voir • que quelque chose y bouge. • Que cela peut-il bien être ?

Les deux anges sourient • et se font des clins d'œil. • De la mer • arrive un rire étouffé • jusqu'à toi. • Lentement, • tu commences à pressentir • d'où vient ce rire, • car un groupe de dauphins • arrive dans la lagune.

Ils jouent • et s'ébrouent dans l'eau, • se font des niches • et jouissent de la vie. La joie de vivre des dauphins • te rend également heureux/heureuse. • Tu préférerais nager avec eux, • laisser derrière toi tous tes soucis • et toutes tes peurs, • et jouir simplement de la vie.

L'Ange des Mers • connaît ton désir. • Il t'enveloppe d'une lumière blanche protectrice ; • tu peux ainsi sans danger • jouer dans la mer avec les dauphins.

Les deux anges • t'emmènent dans l'eau agréablement chaude. • Un jeune dauphin • t'y attend déjà, • qui voudrait jouer et nager avec toi. • Tu t'amarres à sa nageoire dorsale, • et ce n'est que du bonheur.

Jouis du jeu avec les dauphins. ••• Si tu le désires, tu peux leur poser une question • ou leur demander conseil.

Courte pause (2 à 5 minutes pour les enfants ; 5 à 20 minutes pour les adultes).

Tout doucement • arrive le moment • de prendre congé • des dauphins.

Le jeune dauphin, • ton compagnon de jeu, • prend congé de toi avec ces mots :

Si tu désires quelque chose de tout ton cœur, • si tu crois en toi-même • et en tes rêves, • tu peux tout obtenir. • Accorde de l'attention • à tout ce que tu fais • et à tout ce que tu vois, • tu apprendras beaucoup alors, • et tu reconnaîtras • la manière dont tu peux réaliser tes rêves.

Il te donne un baiser sur le bout du nez • et regagne la mer. ••• Heureux/heureuse de cette aventure, tu regardes, • rayonnant(e) de joie, • les deux anges.

L'Ange des Mers prend congé de toi avec ces mots :

Ton Ange Gardien • est toujours à tes côtés. • Il fortifie ton dos et ton cœur • afin que tu puisses • réaliser tous tes rêves. • L'amour et l'amitié de tous les anges • t'accompagnent • sur tous tes chemins !

Tu remercies l'Ange des Mers • et tu prends congé de lui pour aujourd'hui.

Joyeux/joyeuse et heureux/heureuse, • tu prends maintenant, • accompagné(e) de ton Ange Gardien, • le chemin du retour • par le portail lumineux • qui mène à la plage. • Ton Ange Gardien • fait un signe de la main, • et les coquillages multicolores • se ferment à présent • les uns après les autres. • Le portail lumineux • redevient invisible pour toi.

D'abord, • le coquillage blanc se ferme, ••• puis se ferment le violet, ••• le bleu roi, ••• le bleu ciel, ••• le vert, ••• le jaune d'or, ••• l'orange ••• et enfin se ferme le coquillage rouge.

Heureux/heureuse et détendu(e), • tu es maintenant prêt(e) • à revenir • dans ton quotidien.

POSTLUDE

Maintenant, • inspire et expire profondément. ••• Tu sens • comme tu t'éveilles lentement • et reviens dans le quotidien. ••• Respire encore une fois • profondément. • À présent, • tu sens de nouveau ton corps, ••• tes bras ••• et tes jambes. ••• Inspire et expire encore une fois profondément. • Remue lentement tes bras, ••• tes mains, ••• tes jambes, ••• étire-toi, • ouvre lentement les yeux • et, • joyeux/joyeuse et reposé(e), • reviens dans ton quotidien.

L'ANGE DE LA MISÉRICORDE

Faire preuve de miséricorde, c'est ouvrir son cœur aux pauvres, aux malheureux et à ceux qui souffrent. La miséricorde implique la tendresse, la compassion et l'amour de notre prochain comme de nous-même.

PRÉLUDE

Étends-toi très détendu(e), • étire tes jambes • et laisse retomber tes pieds • lentement vers l'extérieur. • Tes bras • reposent relaxés • sur les côtés. • Ferme les yeux, • inspire • et expire calmement. • Sens • combien tu deviens • plus calme • à chaque respiration. • À chaque expiration, • tu lâches • tout ce qui t'a occupé(e) • jusqu'ici. ••• Laisse défiler tes pensées • comme de petits nuages blancs • dans un ciel ensoleillé. ••• La pression • en toi-même • devient plus légère • et s'écoule avec l'expiration. ••• À l'inspiration, • tu respires la légèreté • et la liberté, • qui te facilitent • l'accès • à la profondeur de ton être. ••• Tu te sens calme • et satisfait(e), • tu es totalement relaxé(e). ••• Maintenant, • tu peux voyager en imagination • dans le royaume • des anges.

MÉDITATION

Imagine • que tu es assis(e) au bord d'un merveilleux étang à nénuphars. ••• C'est une nuit d'été • agréablement chaude, • claire • et étoilée. • Des millions d'étoiles scintillent • sur la voûte céleste bleu sombre. • La lune • déverse • ses rayons clairs sur la terre. • Tu entends le chant aimable du rossignol • et le bruissement des feuilles de bouleau dans le vent. • Une chouette

◦ glisse presque silencieusement dans la nuit. ◦ Tu es tout à fait détendu(e), ◦ tu te sens bien ◦ et en sécurité.

Tandis que tu prêtes l'oreille au chant du rossignol, ◦ tu sens ◦ ton Ange Gardien ◦ s'approcher de toi. ◦ C'est une sensation bienfaisante ◦ que de ressentir son amour, ◦ sa proximité ◦ et la confiance qu'il a en toi. ◦ Il se réjouit beaucoup ◦ que tu sois en sa compagnie. ◦ Jouis ◦ de son embrassement plein d'amour.

Aujourd'hui, ◦ ton Ange Gardien voudrait te présenter l'Ange de la Miséricorde.

Tu te réjouis beaucoup ◦ et tu sais ◦ que quelque chose de très particulier va arriver. ◦ Ton Ange Gardien ◦ fait un geste de la main et, ◦ au bord de l'étang à nénuphars, ◦ sept merveilleuses fées fleuries, ◦ dans des toilettes magnifiquement chatoyantes, ◦ deviennent visibles pour toi. ◦ Leurs vêtements flottants étincellent ◦ dans les couleurs de l'arc-en-ciel. ◦ Dans leurs mains douces et ornées, ◦ elles portent des oiseaux ◦ merveilleusement multicolores. ◦◦◦ Elles te sourient ◦ et laissent s'envoler successivement ◦ les oiseaux vers le ciel.

D'abord, ◦ la fée fleurie au vêtement rouge et bouffant ◦ fait s'envoler ◦ un somptueux oiseau au plumage rouge. ◦ L'air, ◦ autour de toi, ◦ irradie une lumière rouge revigorante.

La fée fleurie ◦ au vêtement orange ◦ fait s'envoler maintenant ◦ un gentil oiseau au plumage orange. ◦ L'air, ◦ autour de toi, ◦ irradie une lumière orange qui apporte la gaieté.

La fée fleurie ◦ au vêtement scintillant de jaune et d'or ◦ laisse à présent s'envoler ◦ un gracieux oiseau au plumage jaune d'or. ◦ L'air, ◦ autour de toi, ◦ irradie une lumière jaune d'or qui apporte la confiance.

La fée au vêtement chatoyant de vert • laisse s'envoler • un ravissant oiseau au plumage vert. • L'air autour de toi irradie • une lumière verte • qui apporte la guérison.

La fée au vêtement étincelant de bleu ciel • fait s'envoler un magnifique oiseau au plumage bleu ciel. • L'air autour de toi irradie • une lumière d'un bleu céleste.

La fée fleurie au vêtement violet • laisse s'échapper • un somptueux oiseau au plumage violet. • L'air autour de toi irradie • une lumière violette • qui apporte la paix.

La fée fleurie au vêtement étincelant d'un blanc nacré • fait s'envoler maintenant • une magnifique colombe blanche • au plumage blanc comme neige. • L'air • autour de toi • irradie une lumière blanche immaculée. • Grâce à cette lumière blanche, • tu es relié(e) • à la source divine • de toute vie.

Les fées fredonnent une aimable mélodie, • ouvrent leurs mains en direction du ciel étoilé • et laissent s'échapper de leurs paumes des rayons lumineux aux couleurs de l'arc-en-ciel. ••• Les rayons de lumière forment une grande porte lumineuse, • qui s'ouvre à présent • pour l'Ange de la Miséricorde.

L'Ange de la Miséricorde te regarde avec amour, • de ses doux yeux. ••• Va vers lui et salue-le aimablement.

Il te déclare :

Faire preuve de miséricorde, • c'est ouvrir son cœur aux pauvres, • aux malheureux • et à ceux qui souffrent. • La miséricorde implique la tendresse, • la compassion • et l'amour • pour ton prochain • et pour toi-même.

Assieds-toi • avec les deux anges • dans l'herbe tendre • et agréablement chaude. ••• Si tu le désires, • tu peux poser une question à l'Ange de la Miséricorde • ou lui demander conseil.

Courte pause (2 à 5 minutes pour les enfants ; 5 à 20 minutes pour les adultes).

Peu à peu • arrive le moment • où tu dois revenir.

L'Ange de la Miséricorde prend congé de toi avec ces paroles :

Ne condamne pas tes pensées et tes sentiments. • Ne te punis pas • parce qu'à tes yeux tu es apparemment imparfait(e). • Sois aimable, • patient(e) • et miséricordieux envers toi-même !

Tu remercies l'Ange de la Miséricorde • et tu prends congé de lui pour aujourd'hui. • Pendant qu'il s'en va par la porte lumineuse, • il te fait un signe en souriant.

Les fées fleuries fredonnent une mélodie. • La porte de lumière redevient invisible pour toi. • Maintenant, les rayons lumineux multicolores • reviennent dans les mains, • et les oiseaux, • les uns après les autres, • reviennent à leurs fées fleuries.

La colombe blanche • vole vers la fée fleurie • au vêtement blanc étincelant de nacre.

L'oiseau au plumage violet • retrouve la fée • à la toilette d'un violet chatoyant.

L'oiseau au plumage bleu ciel s'envole maintenant vers la fée fleurie au vêtement d'un bleu céleste.

Les oiseaux au plumage vert, • jaune d'or • et orange • font également retour aux fées fleuries parées de vert, • de jaune d'or • et d'orange.

À la fin, • l'oiseau au plumage rouge • revient à tire-d'aile • vers la fée fleurie • au vêtement étincelant de rouge. • On ne voit plus rien • à présent • des lumières bigarrées.

Les fées fleuries te font un signe d'adieu. ••• Ton Ange Gardien fait un signe de la main • et les fées • redeviennent invisibles pour toi. ••• Heureux/heureuse, tu remercies ton Ange Gardien • et tu es maintenant prêt(e) • à revenir dans ton quotidien.

POSTLUDE

Maintenant, • inspire et expire profondément. ••• Tu sens • comme tu t'éveilles lentement • et reviens dans le quotidien. ••• Respire encore une fois • profondément. • À présent, • tu sens de nouveau ton corps, ••• tes bras ••• et tes jambes. ••• Inspire et expire encore une fois profondément. • Remue lentement tes bras, ••• tes mains, ••• tes jambes, ••• étire-toi, • ouvre lentement les yeux • et, • joyeux/joyeuse et reposé(e), • reviens dans ton quotidien.

L'ANGE DE LA NATURE

Si tu veux, de tout ton cœur, obtenir quelque chose, alors seules tes propres peurs peuvent te retenir. Écoute ta voix intérieure, ton cœur, qui sait exactement ce que tu dois faire pour atteindre ton but, pour réaliser ton rêve. Sois à l'écoute de ton cœur et vis ton rêve !

PRÉLUDE

Étends-toi très détendu(e), • étire tes jambes • et laisse retomber tes pieds • lentement vers l'extérieur. • Tes bras • reposent relaxés • sur les côtés. • Ferme les yeux, • inspire • et expire calmement. • Sens • combien tu deviens • plus calme • à chaque respiration. • À chaque expiration, • tu lâches • tout ce qui t'a occupé(e) • jusqu'ici. ••• Laisse défiler tes pensées • comme de petits nuages blancs • dans un ciel ensoleillé. ••• La pression • en toi-même • devient plus légère • et s'écoule avec l'expiration. ••• À l'inspiration, • tu respires la légèreté • et la liberté, • qui te facilitent • l'accès • à la profondeur de ton être. ••• Tu te sens calme • et satisfait(e), • tu es totalement relaxé(e). ••• Maintenant, • tu peux voyager en imagination • dans le royaume • des anges.

MÉDITATION

Imagine • que tu te trouves dans une merveilleuse clairière. • C'est une journée ensoleillée, • agréablement chaude. • De petits nuages blancs • se balancent paresseusement • dans un ciel bleu et clair.

Les oiseaux gazouillent un chant joyeux, • les écureuils jouent sur l'herbe tendre, • des sauterelles sautillent gaiement d'une fleur à l'autre, • des papillons grands et petits • dansent une danse merveilleuse • dans l'air clair. • C'est magnifique à regarder.

À ta droite, un ruisseau • clapote • insoucieux • et court vers le bois. • Sur la rive d'en face • paissent pacifiquement • de jeunes chevaux sauvages. • Tandis que tu observes les jeunes chevaux, • tu sens • ton Ange Gardien s'approcher de toi. • C'est une sensation bienfaisante • que de ressentir • son amour, • sa proximité • et la confiance qu'il a en toi. • Salue-le • et jouis • de son embrassement plein d'amour.

Aujourd'hui, • ton Ange Gardien • voudrait visiter avec toi • l'Ange de la Nature. ••• Tu te réjouis beaucoup • et tu sais • que quelque chose de tout particulier • va arriver. ••• Rayonnant(e) de joie, • tu regardes ton Ange Gardien, • tu lui tends la main • et ensemble vous longez le ruisseau • en direction du bois. • Ce n'est qu'un court chemin.

Parvenu(e) à l'orée du bois, • tu découvres des fleurs somptueuses. • Elles brillent de couleurs particulièrement intenses. • Leurs corolles • sont encore fermées. ••• Ton Ange Gardien fait un geste de la main, • l'air autour de toi se met à scintiller • et les merveilleuses fleurs • ouvrent successivement leurs corolles

Tout d'abord, • la fleur rouge ouvre son habit floral. • Vois ce qui arrive. • Une petite elfe, • dans un vêtement d'un rouge lumineux de coquelicot, • s'envole joyeusement de la fleur • et danse devant toi dans l'air palpitant. • Une lumière rouge vigoureuse • émane de la fleur. • L'air, autour de toi, • brille maintenant aussi • de cette lumière rouge. • C'est la couleur du courage, • de la force • et de l'enracinement.

C'est la fleur orange ◦ qui s'ouvre à présent. ◦ Une petite elfe, ◦ en merveilleux vêtement d'œillet orange, ◦ s'envole en riant de la fleur, ◦ vers sa sœur coquelicot. ◦ De la fleur ◦ émane une lumière orange ◦ qui apporte la gaieté. ◦ L'air autour de toi ◦ luit également de cette couleur orange. ◦ C'est la couleur de la passion, ◦ de la créativité, ◦ de la gaieté ◦ et du rire.

Une fleur jaune d'or ◦ s'ouvre maintenant. ◦ En riant joyeusement, ◦ une petite elfe, ◦ dans son habit de renoncule jaune d'or, ◦ rejoint ses sœurs, ◦ le coquelicot ◦ et l'œillet. ◦ De la fleur ◦ émane une lumière jaune d'or ◦ qui dispense la confiance. ◦ L'air autour de toi ◦ brille également ◦ de cette lumière jaune d'or. ◦ C'est la couleur de la joie de vivre, ◦ de la gaieté ◦ et de la confiance.

Les feuilles vertes ◦ d'une rose de couleur rose s'ouvrent, ◦ et une elfe vêtue d'une robe d'églantine ◦ va rejoindre ses sœurs. ◦ Une lumière verte, ◦ qui guérit, ◦ rayonne de la fleur. ◦ L'air autour de toi ◦ brille à présent aussi ◦ de cette lumière verte. ◦ C'est la couleur de la guérison, ◦ de la croissance spirituelle ◦ et de l'équilibre intérieur.

Une fleur bleu ciel ◦ ouvre maintenant son vêtement ◦ pour une petite elfe riante ◦ vêtue d'une robe bleu ciel de myosotis. ◦ De la fleur ◦ émane une lumière d'un bleu céleste. ◦ L'air autour de toi ◦ luit également ◦ de cette lumière bleu ciel. ◦ C'est la couleur ◦ de la communication.

Une fleur bleu roi ◦ ouvre à présent son vêtement ◦ pour une petite elfe qui danse joyeusement, ◦ en robe bleue de bleuet. ◦ De la fleur ◦ émane une lumière bleu roi qui apporte la tranquillité. ◦ L'air autour de toi ◦ brille aussi ◦ de cette lumière bleu roi. ◦ C'est la couleur ◦ du calme intérieur ◦ et de l'intuition.

La plante grimpante violette • ouvre maintenant • sa corolle • pour une petite elfe rayonnante en robe violette de clématite. • De la fleur • émane une lumière violette • apaisante. • L'air autour de toi • luit également • ce cette lumière violette. • C'est la couleur de la spiritualité, • de la paix intérieure • et de la foi.

Une grande fleur blanche • ouvre alors sa corolle, • et une petite elfe, • en robe blanche de lys, s'envole vers les autres elfes. • De la fleur émane • une lumière blanche immaculée. • L'air autour de toi • luit maintenant aussi de cette lumière blanche. • C'est la couleur de la pureté, • de la sécurité universelle, • de la tranquillité complète • et de la paix générale. • Grâce à la lumière blanche, • tu es relié(e) • à la source divine • de toute vie.

Les sœurs elfes • se prennent par la main en riant • et dansent une ronde dans les airs. • Tu te réjouis avec elles. • C'est magnifique à regarder.

En riant, • ton Ange Gardien • fait des signes de la tête aux elfes. • Pleines de joie de vivre, • les petites elfes • jettent en l'air une poudre qui scintille • aux couleurs de l'arc-en-ciel. • Vois ce qui arrive. • À travers la poudre scintillante • s'ouvre une porte invisible • qui libère la voie • vers le royaume des anges de la nature.

Accompagné(e) de ton Ange Gardien, • tu passes cette porte, • ce qui te conduit dans un jardin paradisiaque. • Dans ce jardin, les couleurs • sont plus lumineuses • et beaucoup plus intenses • dans toutes leurs nuances. • Tout scintille • et chatoie, • où que se porte ton regard.

De petits enfants d'elfes, • dans leurs vêtements bigarrés chatoyants, • dansent, • joyeux et décontractés, • dans l'air ensoleillé, • sur l'herbe verte et lumineuse.

Tous les êtres vivants dans ce jardin sont pacifiques, • heureux • et se rencontrent avec amour. • Les animaux les plus divers • jouent pacifiquement, • les uns avec les autres, • à leurs jeux favoris.

Toutes les plantes ont somptueusement poussé • et sont enveloppées de couleurs lumineuses. • Le soleil rayonne de son jaune doré le plus beau, • et dans le ciel • des millions de cœurs bleus minuscules resplendissent • d'amour céleste.

Plus loin devant toi, • tu aperçois un très vieil arbre, • grand et vigoureux. • Au-dessus de lui se déploie, • dans les plus belles teintes, • un arc-en-ciel majestueux. ••• Fais les quelques pas • qui te séparent de cet arbre. • Étends-toi sous lui • dans l'herbe verte, • chaude • et tendre, • et laisse guérir ton corps • par les énergies curatives colorées • de l'arc-en-ciel. • Ces couleurs curatives • savent parfaitement • où elles doivent s'écouler • afin de réaliser pour toi • le meilleur. ••• Jouis maintenant de ces énergies colorées curatives.

Courte pause (2 à 5 minutes pour les enfants ; 5 à 10 minutes pour les adultes).

Tandis que tu es étendu(e) confortablement dans l'herbe, • tu entends des pas légers, • qui s'approchent de toi. • Tu jettes un regard circulaire • et tu vois l'Ange de la Nature • venir vers toi. • Il te regarde avec amour • et sagesse. • Va à sa rencontre • et salue-le aimablement.

Tu es entouré(e) d'amour • et tu te sens vraiment bien. ••• L'Ange de la Nature pose une main sur ton épaule • et, de l'autre main, • t'indique un emplacement derrière toi. ••• Rempli(e) d'une joyeuse attente, • tu te retournes. • Derrière toi se tient • une merveilleuse licorne blanche. • Elle vient vers toi lentement, • s'arrête devant toi dans le plus grand calme • et te regarde de ses yeux sages et pleins d'amour.

Ton Ange Gardien • et l'Ange de la Nature • te sourient • et te soulèvent avec précaution • pour te placer • sur le dos de la licorne. • Sur son dos, • tu es en sécurité • et protégé(e). • Gentiment, • la licorne trotte avec toi • à travers le jardin paradisiaque. • Elle te montre toutes les plantes, • tous les arbres, • tous les animaux • et t'explique • le déroulement de la vie dans la nature, • le printemps, • l'été, • l'automne • et l'hiver ; • la croissance, • la floraison, • le flétrissement • et le repos en Dieu.

Sur le dos de la licorne, • tu te sens en sécurité, • tu te sens bien et protégé(e). • Jouis de sa compagnie. ••• Si tu le souhaites, • tu peux lui poser une question • ou lui demander conseil.

Courte pause (2 à 5 minutes pour les enfants ; 5 à 10 minutes pour les adultes).

Tout doucement • arrive le moment • où tu dois revenir.

La licorne • prend congé de toi avec ces mots :

Passe davantage de temps dans la nature • et observe son rythme. • La connaissance et la compréhension des processus naturels de la vie • t'aideront à te découvrir toi-même et à découvrir tes talents, • ainsi qu'à les développer. • Tu pourras alors approfondir ce qui est véritablement en toi • et surmonter les limites en toi-même.

La licorne • touche doucement ta main de sa corne brillante • et le rayon lumineux de son amour • s'échappe de la corne, • traverse ta main • et touche ton cœur • pour te fortifier, • toi et tout ton être.

Tu embrasses la licorne avec amour • et tu prends congé d'elle pour aujourd'hui. • Heureux/heureuse • de cette aventure céleste, • tu regardes les deux anges. L'Ange de la Nature prend congé de toi avec ces paroles :

Quand tu veux obtenir quelque chose de tout ton cœur, • seules tes propres peurs peuvent te retenir. • Écoute ta voix intérieure, • écoute ton cœur, • qui sait très exactement • ce que tu dois faire • pour atteindre ton but, • pour réaliser ton rêve. • Mets-toi à l'écoute de ton cœur • et vis ton rêve !

Tu remercies l'Ange de la Nature • et tu prends congé de lui pour aujourd'hui.

Ton Ange Gardien te prend par la main en souriant. • Accompagné(e) de lui, • tu prends le chemin du retour • par la porte lumineuse des elfes, • tu foules l'herbe de la clairière. • Les sœurs elfes t'attendent, • rayonnantes. • Elles tendent leurs coquettes mains • et la porte lumineuse redevient invisible à tes yeux. • La poudre scintillante des elfes • regagne la douce paume de leurs mains.

Les unes après les autres, • elles prennent maintenant leur envol • vers leur maison • et referment pour aujourd'hui leurs corolles. ••• L'elfe du lys • regagne sa grande fleur blanche, • l'elfe de la clématite retourne dans sa fleur violette, • l'elfe du bleuet regagne la fleur bleu roi • et l'elfe du myosotis retrouve sa fleur bleu clair. • Tu peux voir se fermer pour aujourd'hui • les corolles blanche, ••• violette, ••• bleu roi ••• et la corolle bleu ciel.

L'elfe de l'églantine, • toute rose, • s'envole vers les feuilles vertes des roses sauvages • et recouvre maintenant sa corolle • avec les feuilles vertes.

Les elfes de la renoncule, • de l'œillet • et enfin du coquelicot • regagnent aussi leur demeure et ferment pour aujourd'hui leurs corolles jaune d'or, ••• orange ••• et rouge.

Tu remercies ton Ange Gardien • pour ce voyage féerique • et tu es prêt(e) maintenant • à revenir dans ton quotidien.

POSTLUDE

Maintenant, • inspire et expire profondément. ••• Tu sens • comme tu t'éveilles lentement • et reviens dans le quotidien. ••• Respire encore une fois • profondément. • À présent, • tu sens de nouveau ton corps, ••• tes bras ••• et tes jambes. ••• Inspire et expire encore une fois profondément. • Remue lentement tes bras, ••• tes mains, ••• tes jambes, ••• étire-toi, • ouvre lentement les yeux • et, • joyeux/joyeuse et reposé(e), • reviens dans ton quotidien.

L'ANGE DE NOËL

Noël est la fête de l'amour. Nous fêtons la naissance de Jésus-Christ, la naissance de l'amour. Chaque année à Noël, l'Ange de Noël rappelle aux hommes que Dieu les aime. Dans son amour, Dieu ne fait aucune différence entre pauvres et riches, entre malades et bien portants, entre jeunes et vieux. La couleur de peau, la nationalité et la religion n'ont pour lui aucune importance. Pour vous le dire, il vous a envoyé son fils Jésus-Christ sur la Terre. Par sa vie et son action, Jésus a nourri dans le cœur des hommes la semence de l'amour, afin qu'elle pousse et puisse fleurir dans toute sa magnificence.

PRÉLUDE

Étends-toi très détendu(e), • étire tes jambes • et laisse retomber tes pieds • lentement vers l'extérieur. • Tes bras • reposent relaxés • sur les côtés. • Ferme les yeux, • inspire • et expire calmement. • Sens • combien tu deviens • plus calme • à chaque respiration. • À chaque expiration, • tu lâches • tout ce qui t'a occupé(e) • jusqu'ici. ••• Laisse défiler tes pensées • comme de petits nuages blancs • dans un ciel ensoleillé. ••• La pression • en toi-même • devient plus légère • et s'écoule avec l'expiration. ••• À l'inspiration, • tu respires la légèreté • et la liberté, • qui te facilitent • l'accès • à la profondeur de ton être. ••• Tu te sens calme • et satisfait(e), • tu es totalement relaxé(e). ••• Maintenant, • tu peux voyager en imagination • dans le royaume • des anges.

MÉDITATION

Imagine • que tu te trouves dans un paysage d'hiver féerique fait de glace et de neige. • C'est une journée d'hiver agréable,

• ensoleillée. • Tu portes de chauds vêtements d'hiver • et tu te sens très bien.

Tu vois • devant toi de merveilleux sapins dans leurs habits • blancs de neige. • Des glaçons • de toutes grandeurs et de toutes formes • ornent les branches des arbres. • La neige scintille et étincelle • dans la lumière dorée du soleil. • C'est magnifique à regarder.

Au milieu des arbres, • tu découvres • une petite maison blanche. • Elle est décorée • de nombreuses guirlandes de lumières et, • sur les vitres des fenêtres, • tu découvres des roses de givre.

Pendant que tu considères la maison, • tu sens • ton Ange Gardien s'approcher de toi. • C'est une sensation bienfaisante que de ressentir sa proximité, • son amour • et la confiance qu'il a en toi. • Salue-le • et jouis de son embrassement plein d'amour.

Aujourd'hui, • il voudrait visiter avec toi • l'Ange de Noël. ••• Tu te réjouis beaucoup et tu pressens • que quelque chose de tout particulier t'attend.

Main dans la main, • tu parcours avec ton Ange Gardien • les quelques pas • qui te séparent de la petite maison blanche.

Parvenu(e) devant la maison, • tu vois un angelot • ouvrir joyeusement la porte • et te prier d'entrer en riant. ••• À l'intérieur de la maison • se dresse un somptueux arbre de Noël. • Il est richement décoré • avec des boules dorées, • des clochettes multicolores, • des étoiles scintillantes, • d'aimables angelots de Noël, • des nœuds bigarrés • et de petits cœurs roses. ••• Les fenêtres, • les tables, • les murs, • tout est décoré pour fêter Noël.

Dans toute la maison • ça sent la cannelle, • la vanille • et l'amande.

Au centre de la pièce commune, • une table est dressée • pour le repas de Noël. • Elle porte • sept bougies multicolores. • Avec l'aide de ton Ange Gardien, • allume successivement les bougies.

Allume d'abord • la bougie rouge, ••• puis la bougie orange ••• et la bougie jaune d'or. • L'air autour de toi • commence à vibrer d'un rouge lumineux, • d'un orange • et d'un jaune d'or étincelants.

Allume à présent • la bougie verte, ••• la bougie bleu ciel ••• et la bougie violette. • L'air autour de toi • est de plus en plus rayonnant. • Il brille maintenant • de vert, • de bleu ciel • et de violet.

Allume maintenant • la bougie blanche. • L'air autour de toi se met à vibrer. • Ton Ange Gardien fait un geste de la main • et, devant l'arbre de Noël, • l'Ange de Noël devient visible pour toi. • Il te regarde avec amour • et sagesse. • Va vers lui • et salue-le amicalement.

Il te déclare :

Chaque année à Noë,l • je rappelle de nouveau aux hommes • que Dieu les aime. • Il aime • et protège tous les hommes ! • Dans son amour, • Dieu ne fait aucune différence • entre riches et pauvres, • entre malades et bien portants, • entre jeunes et vieux. • Couleur de peau, • nationalité • et religion n'ont aucune importance. • Pour vous le dire, • il vous a envoyé • son fils Jésus-Christ • sur la Terre. • Par sa vie et par son action, • Jésus a nourri • dans le cœur des hommes • la semence de l'amour • afin qu'elle pousse • et fleurisse dans toute sa splendeur.

Les deux Anges te prennent par la main et • s'assoient avec toi • sur un divan douillet multicolore. ••• Jouis • de leur compagnie. ••• Si tu en as envie, • tu peux poser une question à l'Ange de Noël • ou lui demander conseil.

Courte pause (2 à 5 minutes pour les enfants ; 5 à 20 minutes pour les adultes).

Peu à peu • arrive le moment • où tu dois revenir.

L'Ange de Noël prend congé de toi avec ces mots :

L'amour • qui habite ton cœur, • qui habite le cœur de chaque homme, • est une pierre précieuse encore brute. • Pour susciter son éclat, • de très nombreuses facettes doivent être polies. • Le polissage de la pierre est désagréable, • mais nécessaire, • pour laisser l'amour • rayonner • dans toute sa splendeur.

Plein(e) d'amour • et de joie, • tu prends congé de l'Ange de Noël. • Remercie-le • pour tout son amour • et tous ses présents.

Ton Ange Gardien fait maintenant un geste de la main • et l'Ange de Noël redevient invisible à tes yeux. ••• Va maintenant • vers les bougies multicolores • et souffle-les les unes après les autres.

Souffle d'abord • la bougie blanche, ••• puis la bougie violette, ••• la bleu ciel ••• et puis la bougie verte. • Les vibrations de l'air • diminuent progressivement.

Souffle maintenant • la bougie jaune d'or, ••• puis l'orange ••• et enfin la rouge. ••• Plus rien n'est à présent visible • des scintillements • et des vibrations de l'air. ••• L'angelot te reconduit à la porte • et te donne pour adieu • un gros baiser sur la joue.

Accompagné(e) de ton Ange Gardien, • tu repasses la porte • et retrouves le paysage d'hiver féerique. ••• Joyeux/joyeuse et détendu(e), • tu es maintenant prêt(e) • à revenir dans ton quotidien.

POSTLUDE

Maintenant, • inspire et expire profondément. ••• Tu sens • comme tu t'éveilles lentement • et reviens dans le quotidien. ••• Respire encore une fois • profondément. • À présent, • tu sens de nouveau ton corps, ••• tes bras ••• et tes jambes. ••• Inspire et expire encore une fois profondément. • Remue lentement tes bras, ••• tes mains, ••• tes jambes, ••• étire-toi, • ouvre lentement les yeux • et, • joyeux/joyeuse et reposé(e), • reviens dans ton quotidien.

L'ANGE DE LA PATIENCE

La patience implique la tolérance, la constance, l'opiniâtreté, l'espoir et l'aptitude à lâcher prise et à attendre. Si tu veux obtenir une solution à tes problèmes par la force, tu atteindras peut-être ton but à un moment où tu ne peux rien gagner.

PRÉLUDE

Étends-toi très détendu(e), • étire tes jambes • et laisse retomber tes pieds • lentement vers l'extérieur. • Tes bras • reposent relaxés • sur les côtés. • Ferme les yeux, • inspire • et expire calmement. • Sens • combien tu deviens • plus calme • à chaque respiration. • À chaque expiration, • tu lâches • tout ce qui t'a occupé(e) • jusqu'ici. ••• Laisse défiler tes pensées • comme de petits nuages blancs • dans un ciel ensoleillé. ••• La pression • en toi-même • devient plus légère • et s'écoule avec l'expiration. ••• À l'inspiration, • tu respires la légèreté • et la liberté, • qui te facilitent • l'accès • à la profondeur de ton être. ••• Tu te sens calme • et satisfait(e), • tu es totalement relaxé(e). ••• Maintenant, • tu peux voyager en imagination • dans le royaume • des anges.

MÉDITATION

Imagine • que tu te trouves dans le merveilleux jardin d'un monastère. ••• C'est une journée de printemps • agréablement chaude. • L'air est clair, • le ciel irradie son plus beau bleu • et les chauds rayons du soleil • plongent le jardin dans une lumière jaune d'or.

Le jardin du monastère, • disposé au centre, • est encadré de quatre bâtiments • et d'une colonnade formant avant-toit, • le cloître. • Dans le jardin, • tu comptes douze plates-bandes rectangulaires • où poussent • des plantes médicinales • et des plantes utilitaires. ••• Dans cet endroit paisible, • tu te sens très bien • et protégé(e).

Tandis que tu contemples les herbes, • tu sens • ton Ange Gardien • s'approcher de toi. • C'est une sensation bienfaisante • que de ressentir son amour, • sa proximité • et la confiance qu'il a en toi. • Salue-le • et jouis • de son embrassement plein d'amour.

Aujourd'hui, • ton Ange Gardien voudrait te présenter • l'Ange de la Patience. ••• Tu te réjouis beaucoup • et tu sais • que quelque chose de tout à fait particulier t'attend. ••• Main dans la main avec ton Ange Gardien, • tu te promènes le long de la colonnade. ••• Tu tombes en arrêt • devant une grande et vieille porte de chêne. • Ton Ange Gardien ouvre la porte • et ensemble vous pénétrez dans la salle de méditation • du cloître.

Tu te trouves maintenant • dans une salle circulaire • où, dans sept grandes niches murales, • on peut voir des bougies multicolores • et des bols sonores de différentes grandeurs. Les murs • et le plafond de cette salle de méditation • sont artistiquement peints • de merveilleuses images célestes.

Sur le sol • sont disposés en cercle • sept coussins de méditation • dans les couleurs de l'arc-en-ciel. Au centre • est placé • un bol sonore antique • très précieux.

Avec l'aide de ton Ange Gardien, • allume à présent successivement • les sept bougies.

Allume d'abord • la bougie rouge. • Elle rayonne maintenant • d'une douce lumière • qui fortifie. • Cette lumière • te donne force • et courage • et te relie à la Terre. • Ton Ange Gardien • fait retentir • le bol sonore • de la bougie rouge.

Va maintenant • vers la bougie suivante • et allume-la. • Elle rayonne • d'une vive lumière orange. • Cette lumière • te donne la gaieté • et pose un sourire • sur ton visage. • Ton Ange Gardien fait à présent retentir • le bol sonore • de la bougie orange.

Va • vers la bougie jaune d'or • et allume-la. • Elle rayonne • d'une lumière jaune d'or • qui apporte la confiance. • Cette lumière • te donne la joie de vivre, • la gaieté • et la confiance en toi. • Le bol sonore • de la bougie jaune d'or • retentit à présent.

Va maintenant • vers la bougie verte • et allume-la. • Elle rayonne d'une lumière verte • curative. • Cette lumière • t'apporte la guérison, • la croissance spirituelle • et l'équilibre intérieur. • Le bol sonore • de la bougie verte • retentit.

Va à présent • vers la bougie bleu ciel • et allume-la. • Elle rayonne • d'une lumière • d'un bleu céleste. • Cette lumière • met sur tes lèvres • les mots qu'il faut au bon moment. • Ton Ange Gardien • fait maintenant retentir • le bol sonore • de la bougie bleu ciel.

Va maintenant • vers la bougie violette • et allume-la. • Elle rayonne • d'une lumière violette • apaisante. • Cette lumière • t'apporte la paix intérieure • et éclaire ta spiritualité. • Le bol sonore • de la bougie violette • retentit.

Va à présent • vers la bougie blanche • et allume-la. • Elle rayonne • d'une lumière blanche • qui tranquillise. • Cette lumière t'apporte la paix universelle, • le calme complet • et une sécurité totale. • Ton Ange Gardien • fait retentir • le bol sonore • de la bougie blanche.

Contemple • la salle de méditation, • qui rayonne de la lumière • des bougies allumées par toi. • La lumière bigarrée • ainsi que les peintures célestes des murs et du plafond • te donnent le sentiment • de te trouver • dans un lieu magique. ••• Tu es complètement détendu(e), • tu te sens bien • et protégé(e).

Ton Ange Gardien • fait maintenant retentir • les bols sonores antiques. ••• L'air de la salle se met à vibrer • et à scintiller. • Au centre de la salle de méditation, • l'Ange de la Patience • devient visible pour toi. • Il te sourit avec amour. • Va vers lui • et salue-le aimablement.

Il te déclare :

La patience • implique la tolérance, • la persévérance, • la fermeté, • l'espoir • et la capacité de se détendre • et d'attendre. • Si tu veux obtenir par la force • une solution à tes problèmes, • alors il est possible que tu atteignes ton but • à un moment • où tu ne pourras rien gagner. • Accorde-toi du temps • pour que quelque chose puisse changer !

Assieds-toi maintenant • sur le coussin de méditation • dont la couleur • t'interpelle le plus. ••• C'est la couleur • qui te donne à présent • l'énergie • qui est pour toi actuellement • la plus importante. ••• Les anges • s'assoient sur les coussins de méditation • à ta droite • et à ta gauche. • Jouis • de leur compagnie. ••• Si tu le désires, tu peux poser une question • à l'Ange de la Patience • ou lui demander conseil.

Courte pause (2 à 5 minutes pour les enfants ; 5 à 20 minutes pour les adultes).

Tout doucement • vient le moment • où tu dois revenir.

L'Ange de la Patience • a encore un cadeau pour toi, • que tu es le seul/la seule • à pouvoir voir et ressentir. • Il te le tend maintenant • et prend congé de toi • avec ces paroles :

Le déploiement complet • de ta personnalité • est un processus de développement colossal • qui nécessite suffisamment de temps. • Un papillon • traverse quatre stades de développement. • Après un temps de maturation approprié, • une chenille se glisse hors de l'œuf. • La chenille mue plusieurs fois • avant d'atteindre sa taille définitive. • Dès qu'elle est adulte, • elle s'enferme dans son cocon. • Au stade de la chrysalide, • la chenille • se métamorphose en papillon. • Quand la nymphe atteint son stade final, • le papillon se libère • en quatre temps. • C'est seulement • quand ces quatre temps • ont été accomplis • que le papillon peut voler.

Avec amour, • tu remercies • l'Ange de la Patience • et tu prends congé de lui pour aujourd'hui.

Le bol sonore antique • retentit, • l'air commence à vibrer • et l'Ange de la Patience redevient • invisible à tes yeux.

L'une après l'autre, • tu souffles les bougies • multicolores. • D'abord • la bougie blanche, ••• puis la bougie violette, ••• la bougie bleu ciel, ••• la verte, ••• la jaune d'or, ••• la bougie orange ••• et enfin • tu souffles la bougie rouge.

Accompagné(e) de ton Ange Gardien, • tu passes maintenant la porte de chêne • et tu refermes • pour aujourd'hui • la porte de la salle de méditation. ••• Longe maintenant • la colonnade • et pénètre dans le jardin du cloître.

Parvenu(e) dans le jardin du cloître, • rayonnant(e) de joie, • tu regardes ton Ange Gardien • et tu es prêt(e) maintenant à revenir dans ton quotidien.

POSTLUDE

Maintenant, • inspire et expire profondément. ••• Tu sens • comme tu t'éveilles lentement • et reviens dans le quotidien. ••• Respire encore une fois • profondément. • À présent, • tu sens de nouveau ton corps, ••• tes bras ••• et tes jambes. ••• Inspire et expire encore une fois profondément. • Remue lentement tes bras, ••• tes mains, ••• tes jambes, ••• étire-toi, • ouvre lentement les yeux • et, • joyeux/joyeuse et reposé(e), • reviens dans ton quotidien.

L'ANGE DES PIERRES QUI GUÉRISSENT

Les pierres thérapeutiques sont des cadeaux de la Terre. Elles voudraient t'aider à activer et à fortifier tes forces d'autoguérison.

PRÉLUDE

Étends-toi très détendu(e), • étire tes jambes • et laisse retomber tes pieds • lentement vers l'extérieur. • Tes bras • reposent relaxés • sur les côtés. • Ferme les yeux, • inspire • et expire calmement. • Sens • combien tu deviens • plus calme • à chaque respiration. • À chaque expiration, • tu lâches • tout ce qui t'a occupé(e) • jusqu'ici. ••• Laisse défiler tes pensées • comme de petits nuages blancs • dans un ciel ensoleillé. ••• La pression • en toi-même • devient plus légère • et s'écoule avec l'expiration. ••• À l'inspiration, • tu respires la légèreté • et la liberté, • qui te facilitent • l'accès • à la profondeur de ton être. ••• Tu te sens calme • et satisfait(e), • tu es totalement relaxé(e). ••• Maintenant, • tu peux voyager en imagination • dans le royaume • des anges.

MÉDITATION

Imagine • que tu te trouves dans une prairie • aux couleurs réconfortantes. • Le soleil darde ses rayons dorés • et le ciel • resplendit de son bleu céleste. • Tu sens • la caresse pleine d'amour • des rayons solaires • sur ta peau • et le tendre embrassement du vent.

Les oiseaux • gazouillent • un chant merveilleux • à ton intention. ••• Tu te sens bien • et protégé(e). ••• Un papillon blanc • danse dans l'air clair, • agréablement chaud • et ensoleillé.

Tandis que tu observes le papillon, • tu sens • ton Ange Gardien s'approcher de toi. • C'est une sensation merveilleuse • que de ressentir • sa proximité • et son amour. • Il se réjouit beaucoup • de ta compagnie. • Salue-le • et jouis de son embrassement plein d'amour.

Aujourd'hui, • ton Ange Gardien a une surprise pour toi. • Il voudrait visiter avec toi • l'Ange des Pierres qui guérissent. • Tu t'en réjouis beaucoup • et tu pressens • qu'une aventure céleste t'attend.

Ton Ange Gardien te prend par la main et, • ensemble, • vous vous approchez d'un grand buisson fleuri. • Il caresse une feuille et, • de façon étrange, • le buisson glisse sur le côté, • libérant un escalier de pierres précieuses multicolores.

Tu vas vers l'escalier de pierres précieuses et, • en compagnie de ton Ange Gardien, • tu gravis la première marche. ••• La première marche • est constituée de pierres rouges, • que l'on nomme jaspe. • Le jaspe est la pierre du courage, • de la force • et de l'énergie. • L'air autour de toi • scintille d'une vigoureuse énergie • de couleur rouge. • C'est la couleur du courage, • de la force • et de l'enracinement. • Inspire profondément cette énergie colorée en rouge • et sens comme elle t'apporte la guérison.

À présent, • gravis la marche suivante. • Celle-ci est composée de cornalines orange. • La cornaline est la pierre de la vigueur, • de la résistance • et de la bonne humeur. • Autour de toi, • l'air rayonne de couleur orange. • C'est la couleur de la passion, • de la créativité, • de la gaieté • et du rire. • Inspire profondément • cette énergie de couleur orange • et sens • comme elle t'apporte la guérison.

Devant toi • se présente maintenant • une marche jaune d'or faite d'ambre. • C'est la pierre de la gaieté • et de la confiance. • Elle fortifie ta foi • en toi-même. • Tu montes maintenant sur cette marche d'ambre. • L'air autour de toi • scintille d'une couleur jaune d'or. • C'est la couleur de la joie de vivre, • de la gaieté • et de la confiance. • Inspire profondément • cette énergie • de couleur jaune d'or • et sens • comme elle t'apporte la guérison.

Tu montes maintenant • la marche suivante. • Cette marche est faite • de péridot vert. • Le péridot dissout la rage, • la colère • et le sentiment de culpabilité • qui s'incruste dans nos cœurs. • Il fait de la place • pour l'amour. • L'air autour de toi rayonne • d'un vert lumineux. • C'est la couleur de la guérison, • de la croissance spirituelle • et de l'équilibre intérieur. • Inspire profondément • cette énergie de couleur verte • et sens • comme elle t'apporte la guérison.

À présent, • tu gravis avec joie la marche suivante. • Cette marche • est constituée de calcédoine bleue. • La calcédoine bleu ciel • fortifie la faculté d'élocution. • Elle aide à écouter, • à comprendre • et à s'impliquer. • L'air autour de toi • luit d'une teinte bleu ciel. • C'est la couleur de la communication. • Inspire profondément • cette énergie bleu ciel • et sens • comme elle t'apporte la guérison.

Regarde, • la marche suivante est composée d'améthyste violette. • Cette pierre fine fortifie l'intuition, • améliore un sommeil agité • et offre des rêves limpides. • Tu gravis maintenant • la marche d'améthyste. • L'air autour de toi • scintille de violet clair. • Le violet clair est la couleur de la spiritualité, • de la paix • et de la foi. • Inspire profondément cette énergie de teinte violet clair • et sens • comme elle t'apporte la guérison.

Avec ton Ange Gardien, • tu gravis maintenant • la marche d'agate blanche. • L'agate blanche • est encore appelée agate de la paix. • Cette pierre favorise la tolérance • et l'indulgence. • L'air autour de toi • luit d'une lumière blanche • immaculée. • C'est la couleur de l'équanimité, • de la sécurité totale • et de la paix universelle. • Inspire profondément • cette énergie blanche • et sens • comme elle t'apporte la guérison.

Vois • comme tout autour de toi • scintille et rayonne. ••• Juste en face de toi, • tu vois le vestibule • du temple des Pierres précieuses. • Accompagné(e) de ton Ange Gardien, • tu pénètres à présent dans le temple. ••• Où que se porte ton regard, • tu vois des pierres précieuses • de toutes les formes et de toutes les couleurs. • Elles étincellent • et scintillent merveilleusement. • Calmement, • tu jettes un regard circulaire.

Un peu plus loin, au fond du temple, • tu aperçois • l'Ange des Pierres précieuses. • Il te regarde avec amour • et sagesse. • Va vers lui • et salue-le aimablement.

Il te déclare :

Les pierres fines • sont des cadeaux de la terre. • Elles voudraient t'aider à activer et à fortifier tes forces d'autoguérison.

Devant toi se dresse une grande table, • sur laquelle sont présentées un grand nombre de pierres fines différentes. • Examine les pierres • en toute tranquillité. ••• Si tu le désires, • tu peux poser une question • à l'Ange des Pierres qui guérissent • ou bien lui demander conseil.

Courte pause (2 à 5 minutes pour les enfants ; 5 à 20 minutes pour les adultes).

Tout doucement • vient le moment • où tu dois revenir.

Comme adieu, • l'Ange des Pierres qui guérissent • te tend encore • un cadeau. • Il te remet une pierre précieuse • importante pour toi • et prend congé de toi avec ces mots :

Les pierres fines • voudraient t'aider à développer tes chakras • avec amour • et à suivre ton chemin d'évolution • dans l'amour • et la patience.

Avec un embrassement recueilli, • tu remercies l'Ange des Pierres qui guérissent • et tu prends congé de lui pour aujourd'hui.

Tu te sens très bien, • vigoureux/vigoureuse • et équilibré(e). ••• Accompagné(e) de ton Ange Gardien, • tu prends lentement le chemin du retour, • par lequel tu es venu(e).

À partir de la marche de pierres précieuses blanches, • tu descends d'abord sur la marche violette, ••• puis sur la marche bleu ciel, ••• puis sur la marche verte ••• et ensuite sur la marche jaune d'or, ••• la marche orange ••• et enfin sur la marche rouge. ••• En descendant de la marche rouge, • tu foules de nouveau la terre.

Ton Ange Gardien te conduit jusqu'au buisson fleuri, • puis dans la prairie. • Derrière vous, • le buisson fleuri se referme étrangement. ••• Joyeux/joyeuse • et détendu(e), tu es maintenant prêt(e) • à revenir dans ton quotidien.

POSTLUDE

Maintenant, • inspire et expire profondément. ••• Tu sens • comme tu t'éveilles lentement • et reviens dans le quotidien. ••• Respire encore une fois • profondément. • À présent, • tu sens de nouveau ton corps, ••• tes bras ••• et tes jambes. ••• Inspire et expire encore une fois profondément. • Remue lentement tes bras, ••• tes mains, ••• tes jambes, ••• étire-toi, • ouvre lentement les yeux • et, • joyeux/joyeuse et reposé(e), • reviens dans ton quotidien.

L'ANGE DES PRIÈRES

La prière est une conversation confiante avec Dieu. Parle-lui d'un cœur pur et rempli. Il répond toujours à tes prières. Très souvent, sa réponse n'est pas celle que tu as imaginée. Cherche donc sa réponse à tes prières dans les choses visibles et utilisables de ta vie !

PRÉLUDE

Étends-toi très détendu(e), • étire tes jambes • et laisse retomber tes pieds • lentement vers l'extérieur. • Tes bras • reposent relaxés • sur les côtés. • Ferme les yeux, • inspire • et expire calmement. • Sens • combien tu deviens • plus calme • à chaque respiration. • À chaque expiration, • tu lâches • tout ce qui t'a occupé(e) • jusqu'ici. ••• Laisse défiler tes pensées • comme de petits nuages blancs • dans un ciel ensoleillé. ••• La pression • en toi-même • devient plus légère • et s'écoule avec l'expiration. ••• À l'inspiration, • tu respires la légèreté • et la liberté, • qui te facilitent • l'accès • à la profondeur de ton être. ••• Tu te sens calme • et satisfait(e), • tu es totalement relaxé(e). ••• Maintenant, • tu peux voyager en imagination • dans le royaume • des anges.

MÉDITATION

Imagine • que tu te trouves sur un merveilleux alpage. ••• C'est une journée d'automne ensoleillée, • claire • et agréablement chaude. • La nature autour de toi • porte déjà ses somptueux vêtements d'automne, • les feuilles des arbres sont jaunes, • dorées • et dans toutes les nuances du rouge. • Tu peux sentir • le parfum des herbes automnales.

À ta droite, • tu vois un chemin étroit • qui conduit au sommet d'une montagne. ••• Tandis que tu considères le chemin, • tu sens • ton Ange Gardien s'approcher de toi. • C'est une sensation merveilleuse • que de ressentir son amour, • sa proximité • et la confiance qu'il a en toi. • Salue-le • et jouis • de son embrassement plein d'amour.

Aujourd'hui, • ton Ange Gardien voudrait • visiter avec toi les anges des prières. ••• Tu te réjouis beaucoup • et tu sens • que quelque chose de tout à fait particulier t'attend.

Accompagné(e) de ton Ange Gardien, • tu te promènes le long du chemin • qui mène au sommet de la montagne. • Au bout de quelques pas, • tu aperçois des fanions multicolores • disposés à intervalles réguliers • sur le bord du sentier. • Ils ondoient joyeusement • dans la chaude brise automnale.

Ton Ange Gardien fait un geste de la main. • Successivement, • les fanions resplendissent de la lumière de l'arc-en-ciel, • lumière qui se transforme en un couloir lumineux • qui conduit au temple • des Anges des prières.

Accompagné(e) de ton Ange Gardien, • tu traverses d'abord la lumière rouge. • Cette lumière te donne de la force, • du courage • et te relie à la terre.

Traverse à présent • la lumière orange. • Cette lumière orange te donne de la gaieté • et amène un sourire sur ton visage.

Maintenant, • tu traverses la lumière jaune d'or. • Cette lumière jaune d'or • te donne la joie de vivre, • la gaieté • et la confiance en toi.

Traverse maintenant • la lumière verte. • Cette lumière verte • t'apporte la guérison, • la croissance spirituelle • et l'équilibre intérieur.

Tu passes à présent • dans la lumière bleu ciel. • Cette lumière bleu ciel • apporte sur tes lèvres • les mots qu'il faut • au bon moment.

Traverse maintenant • la lumière violette. • Cette lumière violette • t'apporte la paix intérieure • et éclaire ta spiritualité.

Tu traverses maintenant • la lumière blanche immaculée. • Cette lumière blanche t'apporte la paix universelle, • le calme souverain • et la sécurité absolue. • Par la lumière blanche, • tu es relié(e) à la source divine • de toute vie.

Dans cette lumière blanche, • tu peux reconnaître • une porte dorée. • C'est la porte • qui conduit au temple lumineux • des Anges des prières. • Doucement et silencieusement, • la porte s'ouvre. • En compagnie de ton Ange Gardien, • tu pénètres • dans la grande salle de prière, • vivement éclairée.

L'air autour de toi étincelle de blanc, • de rose, • de bleu ciel, • de violet • et d'or. • Tu peux ressentir dans ton cœur • la puissante et vigoureuse énergie d'amour • qui habite la prière.

Où que se porte ton regard, • partout tu aperçois des anges en prière, • des moines, • des moniales, • des prêtres, • des représentants de toutes les religions, • qui prient. • Tous sont abîmés dans la prière • pour le bien de l'humanité tout entière, • pour le bien de toutes les âmes.

Tu es tout à fait détendu(e), • tu te sens aimé(e) • et protégé(e). ••• Un ange rayonnant • vient vers toi en souriant. ••• C'est l'Ange des Prières, • qui te soutient dans tes prières. • Va vers lui • et salue-le aimablement.

Il te déclare :

La prière • est une conversation confiante avec Dieu ! • Parle-lui de tout ton cœur, d'un cœur pur. • Il répond toujours • à tes prières. • Souvent, • sa réponse n'est pas telle que tu l'avais imaginée. • Par conséquent, • cherche sa réponse à tes prières • dans les événements quotidiens • de ta vie.

Si tu le souhaites, • invite maintenant l'Ange des Prières à faire avec toi • une prière silencieuse. ••• Tu peux aussi lui poser une question • ou lui demander conseil.

Courte pause (2 à 5 minutes pour les enfants ; 5 à 20 minutes pour les adultes).

Tout doucement • arrive le moment • où tu dois revenir.

L'Ange des Prières • prend congé de toi • avec ces paroles :

Dans tes prières, sois plein(e) de confiance • et de certitude ! • Explique à Dieu • tes objectifs • et raconte-lui • quelles démarches tu as déjà effectuées • pour atteindre ces objectifs. • Ensuite, prie-le • d'être ton compagnon, • celui qui te soutient sur ton chemin • vers l'accomplissement de tes objectifs. • Remercie-le • et prépare-toi • à recevoir • ce dont tu l'as prié.

Plein(e) d'amour et de confiance, • tu prends congé pour aujourd'hui • de l'Ange des Prières. • Remercie-le • pour tout son amour • et pour toutes les prières • qu'il fait pour toi • et pour tous les hommes.

Joyeux/joyeuse, • fortifié(e) par l'amour des anges • et plein(e) de confiance dans ta vie, • tu prends en souriant • la main de ton Ange Gardien. ••• En sa compagnie, • tu t'engages sur le chemin du retour, • repasses la porte dorée, • qui se referme doucement derrière toi. ••• Va maintenant dans le couloir lumineux • aux couleurs de l'arc-en-ciel • et retourne dans ton alpage.

Tu traverses la lumière blanche, ••• puis la lumière violette, ••• la lumière bleu ciel, ••• la lumière verte, ••• la lumière jaune d'or, ••• la lumière orange ••• et enfin • la lumière rouge.

Ton Ange Gardien fait un geste de la main, • et le couloir lumineux aux couleurs de l'arc-en-ciel • se transforme de nouveau • en fanions multicolores • doucement agités par le vent au bord du chemin.

Tu fais encore quelques pas • et tu te retrouves • sur l'alpage. ••• Rayonnant(e) de bonheur, • tu regardes ton Ange Gardien • et tu es maintenant prêt(e) • à revenir • dans ton quotidien.

POSTLUDE

Maintenant, • inspire et expire profondément. ••• Tu sens • comme tu t'éveilles lentement • et reviens dans le quotidien. ••• Respire encore une fois • profondément. • À présent, • tu sens de nouveau ton corps, ••• tes bras ••• et tes jambes. ••• Inspire et expire encore une fois profondément. • Remue lentement tes bras, ••• tes mains, ••• tes jambes, ••• étire-toi, • ouvre lentement les yeux • et, • joyeux/joyeuse et reposé(e), • reviens dans ton quotidien.

L'ANGE DES RÊVES

Le grand défi de la vie consiste à surmonter les limites qui sont en toi – et à aller à une distance dont tu n'aurais jamais osé rêver. Fais attention aux signes que tu rencontres sur le chemin que tu as toi-même choisi et tu réaliseras ton rêve. Les rêves existent pour être réalisés. Écoute la voix de ton cœur et vis ton rêve !

PRÉLUDE

Étends-toi très détendu(e), • étire tes jambes • et laisse retomber tes pieds • lentement vers l'extérieur. • Tes bras • reposent relaxés • sur les côtés. • Ferme les yeux, • inspire • et expire calmement. • Sens • combien tu deviens • plus calme • à chaque respiration. • À chaque expiration, • tu lâches • tout ce qui t'a occupé(e) • jusqu'ici. ••• Laisse défiler tes pensées • comme de petits nuages blancs • dans un ciel ensoleillé. ••• La pression • en toi-même • devient plus légère • et s'écoule avec l'expiration. ••• À l'inspiration, • tu respires la légèreté • et la liberté, • qui te facilitent • l'accès • à la profondeur de ton être. ••• Tu te sens calme • et satisfait(e), • tu es totalement relaxé(e). ••• Maintenant, • tu peux voyager en imagination • dans le royaume • des anges.

MÉDITATION

Imagine • que tu te trouves sur une plage magnifique. • C'est une journée d'été • agréablement chaude. • La mer • scintille et étincelle • sous les rayons dorés du soleil. • C'est comme le scintillement • de millions de diamants • qui flotteraient sur la mer.

L'air est clair, • le ciel irradie son plus beau bleu • et de petits nuages blancs moutonneux • migrent tranquillement sur la voûte céleste. • La brise t'embrasse doucement • et apporte sur tes lèvres • un souffle d'air marin caractéristique.

Le sable, sous tes pieds, • est chaud • et doux. ••• Tu es tout à fait détendu(e), • tu te sens bien • et protégé(e).

Tu vois à ta droite • une dune, une très grande colline de sable, • que le vent a créée • au fil du temps. • Tandis que tu considères la dune, • tu sens • ton Ange Gardien s'approcher de toi. • C'est une sensation merveilleuse • que de ressentir son amour, • sa proximité • et la confiance qu'il a en toi. • Il se réjouit beaucoup • d'être en ta compagnie. • Salue-le • et jouis de son embrassement • plein d'amour.

Aujourd'hui, • ton Ange Gardien voudrait visiter avec toi • l'Ange des Rêves. ••• Tu te réjouis beaucoup • de cette aventure céleste. ••• Ton Ange Gardien fait un geste de la main • et devant la dune apparaît, • de façon étrange, • un chevalet en bois de hêtre. • Sur le chevalet se dresse un châssis • tendu d'une toile blanche.

Ton Ange Gardien te prend par la main en souriant • et ensemble • vous faites les quelques pas qui vous séparent du chevalet. ••• Sur un support • sont disposées sept coupelles en porcelaine, • sept brosses • et sept bouteilles • remplies de diverses peintures satinées.

Verse une peinture dans chaque coupelle • et peins une image, • sur la toile, • dans les couleurs de l'arc-en-ciel.

Utilise d'abord • la peinture rouge. • Vois ce qui se passe. • Dès que la couleur • est sur la toile, • elle irradie une énergie rouge fortifiante • qui enracine • et qui migre sur la mer • sous forme d'un arc électrique rouge. • À présent, • l'air autour de toi • s'illumine également de cette lumière rouge. • C'est la couleur du courage, • de la force • et de l'enracinement.

Tu utilises maintenant • la peinture orange. • À peine la couleur est-elle sur la toile • que rayonne une joyeuse énergie orange • qui va se poser sur l'arc rouge • sous la forme d'un arc électrique orange. • Maintenant, • l'air autour de toi • s'illumine de cette lumière orange. • C'est la couleur de la passion, • de la créativité, • de la gaieté • et du rire.

Peins maintenant • avec la peinture jaune d'or. • Sur la toile, • cette couleur irradie une énergie jaune d'or • qui apporte la confiance, • acquiesce à la vie • et se pose sur l'arc orange • sous la forme d'un arc électrique jaune d'or. • À présent, • l'air autour de toi • s'illumine de cette lumière jaune d'or. • C'est la couleur de la joie de vivre, • de la bonne humeur • et de la confiance.

Peins à présent • avec la peinture verte. • Sur la toile, • cette couleur irradie • une énergie verte • qui guérit, • harmonise, • et vient se placer au-dessus de l'arc jaune d'or • sous la forme d'un arc électrique vert. • Maintenant, • l'air autour de toi • s'illumine de cette lumière verte. • C'est la couleur de la guérison, • de la croissance spirituelle • et de l'équilibre intérieur.

Utilise à présent • la peinture bleu ciel. • Sur la toile, • cette couleur irradie • une énergie bleu ciel • curative, • communicative, • qui vient se poser au-dessus de l'arc vert • sous la forme d'un arc électrique bleu ciel. • À présent, • l'air autour de toi • s'illumine de cette lumière bleu ciel. •

Cette couleur • apporte sur tes lèvres • les mots qu'il faut • au bon moment.

Peins maintenant • avec la peinture violette. • Cette couleur • irradie sur la toile • une énergie violette • qui apporte la paix • et vient se placer sur l'arc bleu ciel • sous la forme d'un arc électrique violet. • Maintenant, • l'air autour de toi • s'illumine de cette lumière violette. • C'est la couleur de la spiritualité, • de la paix intérieure • et de la foi.

Utilise maintenant • la peinture blanche. • Regarde • ce qui arrive. • Dès que la couleur est sur la toile, • elle irradie une énergie blanche • pacifique, • qui apporte le calme • et fait scintiller l'air qui t'entoure • d'une lumière blanche éblouissante. • C'est la couleur de l'équanimité, • de la paix universelle • et de la sécurité totale. • Grâce à la lumière blanche, • tu es relié(e) à la source divine • de toute vie.

Ton Ange Gardien • fredonne une mélodie et, • dans l'air blanc étincelant, • une porte de lumière devient visible • pour toi. ••• Lentement, • la porte de lumière s'ouvre • et un grand nuage blanc, • douillet • et confortable • t'attend là. • Il te conduira • en toute sûreté • au temple des Rêves.

En compagnie de ton Ange Gardien, • tu prends place sur le nuage • et le voilà déjà qui plane lentement • en direction du ciel. ••• Tu es complètement détendu(e), • tu te sens bien • et protégé(e). ••• Ton nuage s'arrête • devant un paysage nuageux blanc • et étincelant. • Un peu plus loin, • devant toi, • tu peux voir un temple fait de lumière • rayonnant de clarté.

Ton Ange Gardien te prend par la main en souriant • et ensemble • vous faites les quelques pas • qui vous séparent du temple des

Rêves. ••• Devant le temple de lumière, • tu aperçois • l'Ange des Rêves. • Va vers lui • et salue-le aimablement.

Il te déclare :

Les rêves • sont des représentations • et des images • qui apparaissent pendant le sommeil. • Parfois, • on connaît aussi • le rêve à l'état de veille • sous forme de rêve diurne. • Il y a différentes qualités de rêve. • Pendant le sommeil, • l'homme traite • ses soucis • et ses peurs, • qui se manifestent alors souvent dans le rêve • sous forme de cauchemar • ou de rêve d'angoisse. • Ce rêve aide les hommes • à reconnaître • et à traiter • leurs sentiments. • Et puis il y a aussi le rêve de désir, • qui est une réflexion • sur ce que désire le rêveur.

Mais rêver, • c'est aussi ressentir profondément dans son cœur • le désir le plus nostalgique, • c'est réaliser la vision de soi-même. • Tu dois seulement • rendre ton rêve réel • pour savoir • qui tu es vraiment.

En compagnie • des deux anges, • tu pénètres dans le temple des Rêves. • Au milieu du temple, • un lit douillet de nuages • est dressé. • Étends-toi avec confiance • sur ce lit • et laisse l'Ange des Rêves te guérir. ••• Si tu en as envie, • tu peux lui poser une question • ou bien lui demander conseil.

Courte pause (2 à 5 minutes pour les enfants ; 5 à 20 minutes pour les adultes).

Peu à peu • vient le temps • du retour.

L'Ange des Rêves • prend congé de toi avec ces paroles :

Le grand défi de la vie • consiste à surmonter les limites en toi-même • et à aller plus loin que tu n'eusses jamais osé rêver. • Fais attention aux signes • que tu rencontres • sur le chemin • que tu as toi-même choisi, • et tu réaliseras ton rêve. • Les rêves existent • pour être réalisés. • Écoute • la voix de ton cœur • et vis ton rêve !

Tu remercies l'Ange des Rêves • et tu prends congé de lui • avec un embrassement plein d'amour.

Accompagné(e) de ton Ange Gardien, • tu prends maintenant • le chemin du retour, • celui que tu as pris pour venir, • et tu reprends place • sur le grand nuage blanc • et douillet • qui te ramène • sur la plage • confortablement • et en toute sécurité.

Lentement, • le nuage revient en glissant • sur la plage. ••• De retour sur la plage, • tu repasses la porte de lumière. • Ton Ange Gardien fredonne une mélodie, • la porte de lumière se ferme • et redevient invisible pour toi.

La lumière blanche scintillante • se retire • de la toile, • et la lumière de couleur blanche • s'éteint. ••• Successivement • se dissolvent les arcs électriques multicolores • en regagnant • leur couleur correspondante • sur la toile.

D'abord • se dissout l'arc électrique violet, ••• puis suivent l'arc électrique bleu ciel, ••• l'arc électrique vert, ••• l'arc électrique jaune d'or, ••• l'arc électrique orange ••• et enfin l'arc électrique rouge.

Ton Ange Gardien fait un geste de la main, • les rayons lumineux des couleurs s'éteignent • et le chevalet • redevient invisible à tes yeux. ••• Tu regardes ton Ange Gardien • avec amour • et tu es de nouveau prêt(e) • à revenir dans ton quotidien.

POSTLUDE

Maintenant, ◦ inspire et expire profondément. ◦◦◦ Tu sens ◦ comme tu t'éveilles lentement ◦ et reviens dans le quotidien. ◦◦◦ Respire encore une fois ◦ profondément. ◦ À présent, ◦ tu sens de nouveau ton corps, ◦◦◦ tes bras ◦◦◦ et tes jambes. ◦◦◦ Inspire et expire encore une fois profondément. ◦ Remue lentement tes bras, ◦◦◦ tes mains, ◦◦◦ tes jambes, ◦◦◦ étire-toi, ◦ ouvre lentement les yeux ◦ et, ◦ joyeux/joyeuse et reposé(e), ◦ reviens dans ton quotidien.

L'ANGE DE LA TERRE

Tous les êtres humains de la Terre et tous les angelots du Ciel peuvent soutenir les anges de la Terre dans leur travail pour le monde entier – en chantant, en dansant, en riant, en étant joyeux et en manifestant leur joie. La joie et le plaisir de la vie, et dans la vie, peuvent t'aider à atteindre plus facilement tes objectifs.

PRÉLUDE

Étends-toi très détendu(e), • étire tes jambes • et laisse retomber tes pieds • lentement vers l'extérieur. • Tes bras • reposent relaxés • sur les côtés. • Ferme les yeux, • inspire • et expire calmement. • Sens • combien tu deviens • plus calme • à chaque respiration. • À chaque expiration, • tu lâches • tout ce qui t'a occupé(e) • jusqu'ici. ••• Laisse défiler tes pensées • comme de petits nuages blancs • dans un ciel ensoleillé. ••• La pression • en toi-même • devient plus légère • et s'écoule avec l'expiration. ••• À l'inspiration, • tu respires la légèreté • et la liberté, • qui te facilitent • l'accès • à la profondeur de ton être. ••• Tu te sens calme • et satisfait(e), • tu es totalement relaxé(e). ••• Maintenant, • tu peux voyager en imagination • dans le royaume • des anges.

MÉDITATION

Imagine • que tu te trouves près d'une merveilleuse cascade. ••• La rivière • dans laquelle son eau s'écoule • est claire comme du cristal • et se dirige tranquillement vers la mer. • C'est une journée d'été • agréablement chaude.

Les oiseaux gazouillent, • des libellules multicolores • montent et descendent la rivière, • de merveilleux papillons • dansent dans les rayons du soleil, • des abeilles zélées volent joyeusement • de fleur en fleur • et en récoltent le nectar.

Sur la rive opposée de la rivière, • une famille d'ours s'arrête • à l'ombre d'un grand arbre • pour y effectuer • une sieste paisible. ••• Tandis que tu observes la famille d'ours, • tu sens • ton Ange Gardien s'approcher de toi. • C'est une sensation bienfaisante • que de sentir • son amour, • sa proximité • et la confiance qu'il a en toi. • Salue-le • et jouis • de son embrassement plein d'amour.

Aujourd'hui, • ton Ange Gardien voudrait visiter avec toi • l'Ange de la Terre. • Tu te réjouis beaucoup • et tu sens • que quelque chose de tout à fait particulier va arriver. ••• Tu regardes la cascade • et tu vois à sa droite • le commencement d'un arc-en-ciel. • Accompagné(e) de ton Ange Gardien, • tu fais les quelques pas • qui te séparent de cet arc-en-ciel.

Ton Ange Gardien • fredonne une mélodie • et les couleurs bigarrées de l'arc-en-ciel • se transforment • en une porte de lumière • aux couleurs de l'arc-en-ciel.

Ton Ange Gardien • fait maintenant un geste de la main. • La porte de lumière • commence à resplendir • et à étinceler. • Elle scintille • et rayonne • comme des millions de petits diamants multicolores. • Étrangement, elle s'ouvre • et donne accès • à un splendide escalier lumineux. • Les couleurs irradient avec intensité. • Même si les marches de l'escalier sont faites de lumière, • elles peuvent te porter • en toute sécurité.

Ton Ange Gardien te prend par la main • et monte avec toi sur la première marche. ••• Celle-ci est constituée • d'une lumière rouge irradiante, • d'un rouge d'une intensité que tu n'as encore jamais rencontrée. • L'air autour de toi • palpite du même rouge. • C'est la couleur de la force, • du courage • et de l'enracinement.

Monte maintenant • sur la marche suivante. ••• Elle est composée • de lumière orange scintillante. • L'air autour de toi • s'illumine de cet orange scintillant. • C'est la couleur de la passion, • de la gaieté, • de la créativité • et du rire.

Gravis à présent • la marche jaune d'or. ••• Ce jaune est lumineux • et agréablement chaud • comme les rayons du soleil • qui réchauffent ta peau • et qui t'enveloppent d'amour. • L'air autour de toi • scintille de jaune • et d'or. • Jouis de la chaleur • et de la lumière. • C'est la couleur de la joie de vivre, • de la gaieté • et de la confiance.

Tu montes maintenant • sur la marche suivante. ••• Cette marche est embrasée • d'une douce lumière verte. • Regarde-la bien • et tu reconnaîtras • que dans ce vert • luit également • une lumière rose. • Le vert • est la couleur de la guérison, • de la croissance spirituelle • et de l'équilibre intérieur. • Le rose • est la couleur de l'amour.

Avec joie, • tu gravis à présent la marche suivante. ••• Celle-ci scintille d'un bleu céleste. • L'air autour de toi étincelle • et luit • de bleu ciel • et d'argent. • C'est la couleur • de la communication.

Vois • comme la marche suivante • resplendit d'un merveilleux violet. • Tu gravis la marche violette. ••• L'air autour de toi grésille • de toutes les nuances • qui vont du violet • à l'indigo. • C'est la couleur de la spiritualité, • de la foi, • de l'intuition • et de la paix intérieure.

En compagnie de ton Ange Gardien, • tu gravis maintenant • la marche rayonnante de blanc. ••• L'air autour de toi irradie la blanc, • il luit, • pur • et clair. • Il brille, • scintille • et étincelle autour de toi. • C'est la couleur • du calme complet, • de la paix universelle • et de la sécurité absolue.

Dans cette lumière blanche, • tu peux reconnaître une porte. • C'est la porte • qui conduit au temple des Nuages • de l'Ange de la Terre. • Avec douceur et recueillement, • la porte s'ouvre.

Accompagné(e) de ton Ange Gardien, • tu pénètres maintenant • dans le temple des Nuages. ••• Où que se porte ton regard, • tu vois • de petits angelots rieurs. • Ils s'ébattent au-dessus du tapis de nuages blancs, • dévalent • en poussant des cris de jubilation • une glissoire en forme d'arc-en-ciel, • jouent avec des étoiles scintillantes • et chevauchent • de petits nuages • blancs comme neige. • Tu sens • que les angelots sont sûrs • que le monde entier • et le ciel • sont remplis de miracles.

Un grand ange • tout rayonnant de lumière blanche et nacrée • vient vers toi en riant. • C'est un Ange de la Terre. • Tu le salues • d'un air étonné • et la joie au cœur. ••• Il te déclare :

Tous les êtres humains de la Terre • et les angelots du ciel • peuvent soutenir les anges de la Terre dans leur travail, • dans le monde entier, • en chantant, • en dansant, • en riant, • en étant joyeux • et en manifestant leur joie. • Grâce à la joie, • les anges • peuvent s'approcher bien davantage des hommes • pour les aider.

Ton Ange Gardien • et l'Ange de la Terre • te regardent joyeusement • et en clignant des yeux. ••• Un angelot • vient vers toi en courant, • te tend la main • et t'invite • à jouer avec lui. • Tu prends joyeusement sa main • et tu vas avec lui • en direction de la glissoire en arc-en-ciel.

Jouis • de ton jeu avec les angelots. ••• Si tu le désires, • tu peux leur poser une question • ou leur demander conseil.

Courte pause (2 à 5 minutes pour les enfants ; 5 à 20 minutes pour les adultes).

Peu à peu • vient le moment • de prendre congé des angelots.

L'un de tes camarades de jeu prend congé de toi avec ces paroles :

Crée pour toi • un équilibre • entre l'école, • le travail, • le jeu • et la spiritualité. • La joie • et le plaisir de vivre, • dans la vie, • peuvent t'aider • à atteindre plus facilement tes objectifs.

Il te donne un vigoureux baiser • sur la joue • et te fait un clin d'œil en guise d'adieu.

L'Ange de la Terre • t'inonde de joie • et te tend une petite boule bleue • pour te dire au revoir. ••• Il prend congé de toi avec ces mots :

Cette boule bleue • doit te rappeler • que les anges • aiment le jeu et le plaisir.

Tu remercies l'Ange de la Terre • et tu l'embrasses avec bonheur. • Prends congé de lui pour aujourd'hui.

Plein(e) de joie de vivre, • tu passes maintenant, • accompagné(e) de ton Ange Gardien, • la porte lumineuse du temple des Nuages • et tu parviens sur la marche blanche • de l'escalier de lumière en arc-en-ciel.

Ton Ange Gardien a encore une surprise pour toi. • Il fait un geste de la main • et l'escalier multicolore • se transforme en une glissoire colossale en arc-en-ciel. ••• Main dans la main, tu glisses avec ton Ange Gardien • à travers les lumières multicolores • scintillantes.

D'abord • à travers la lumière blanche, ••• puis à travers la lumière violette, ••• à travers la lumière bleu ciel, ••• la verte, ••• la jaune d'or, ••• l'orange ••• et enfin à travers la lumière rouge.

Rayonnant(e) de joie, • tu te tiens maintenant de nouveau • sur la prairie • devant la porte de lumière en arc-en-ciel. ••• Avec un clin d'œil, ton Ange Gardien • fait un geste de la main, • la porte lumineuse se ferme • et pâlit • jusqu'à disparaître complètement. ••• Joyeux/joyeuse et détendu(e), • tu es maintenant prêt(e) • à revenir • dans ton quotidien.

POSTLUDE

Maintenant, • inspire et expire profondément. ••• Tu sens • comme tu t'éveilles lentement • et reviens dans le quotidien. ••• Respire encore une fois • profondément. • À présent, • tu sens de nouveau ton corps, ••• tes bras ••• et tes jambes. ••• Inspire et expire encore une fois profondément. • Remue lentement tes bras, ••• tes mains, ••• tes jambes, ••• étire-toi, • ouvre lentement les yeux • et, • joyeux/joyeuse et reposé(e), • reviens dans ton quotidien.

LES ANGES DU TRÉSOR

Le trésor le plus grand et le plus précieux de la Terre, que les anges, chargés par Dieu, protègent et chérissent, c'est toi ! Les Anges du Trésor protègent tous les enfants de la Terre et du Ciel, depuis l'origine des temps et pour l'éternité. Même si beaucoup ont oublié les anges, ou ne croient plus en eux, ils sont toujours là pour nous. Dieu et les anges t'aiment comme tu es !

PRÉLUDE

Étends-toi très détendu(e), • étire tes jambes • et laisse retomber tes pieds • lentement vers l'extérieur. • Tes bras • reposent relaxés • sur les côtés. • Ferme les yeux, • inspire • et expire calmement. • Sens • combien tu deviens • plus calme • à chaque respiration. • À chaque expiration, • tu lâches • tout ce qui t'a occupé(e) • jusqu'ici. ••• Laisse défiler tes pensées • comme de petits nuages blancs • dans un ciel ensoleillé. ••• La pression • en toi-même • devient plus légère • et s'écoule avec l'expiration. ••• À l'inspiration, • tu respires la légèreté • et la liberté, • qui te facilitent • l'accès • à la profondeur de ton être. ••• Tu te sens calme • et satisfait(e), • tu es totalement relaxé(e). ••• Maintenant, • tu peux voyager en imagination • dans le royaume • des anges.

MÉDITATION

Imagine • que tu te trouves sur une plage merveilleuse. • C'est une journée d'été • agréablement chaude. • La mer • scintille et étincelle • sous un soleil rayonnant. • Ce rayonnement ressemble • au scintillement • de millions d'étoiles • dansant sur la mer.

De petits nuages moutonneux • glissent tranquillement • dans un ciel clair et bleu. • Des oiseaux multicolores • planent gracieusement • dans l'air ensoleillé. ••• Tu vois sur ta droite • de grands arbres exotiques • dans des tons saturés de vert lumineux, • dont les branches et les rameaux • portent de grandes fleurs bigarrées.

À ta gauche, • tu vois une chute d'eau scintillante. • Dans son écume • danse la lumière colorée • d'un arc-en-ciel. ••• Tandis que tu considères le jeu chatoyant de la mer, • tu sens • ton Ange Gardien s'approcher de toi. • C'est une sensation bienfaisante • que de ressentir son amour • et sa proximité. • Il se réjouit beaucoup • de ta compagnie. • Salue-le • et jouis • de son embrassement plein d'amour.

Aujourd'hui • ton Ange Gardien voudrait • visiter avec toi • les Anges du Trésor. ••• Tu te réjouis beaucoup • de cette aventure céleste, • du trésor • que tu es en droit d'y trouver. ••• Avec ton Ange Gardien, • tu fais les quelques pas • qui te séparent de la chute d'eau. • Vous vous arrêtez • devant un buisson de roses. ••• Ton Ange Gardien caresse une feuille • et étrangement • le buisson glisse sur le côté. ••• Regarde : • dans la paroi rocheuse est taillé un escalier de pierre, • qui te conduit derrière la chute d'eau.

Plein(e) d'une attente joyeuse, • tu gravis l'escalier jusqu'en haut, • accompagné(e) de ton Ange Gardien. • Il conduit, • par un couloir, • derrière la chute d'eau.

Ton Ange Gardien te regarde en souriant, • fait un geste de la main • et successivement • s'embrasent des torches multicolores • qui plongent le couloir • dans une lumière • aux couleurs de l'arc-en-ciel.

D'abord • s'embrase une torche • d'une lumière rouge vigoureuse. • Le premier tronçon du couloir rocheux secret • et l'air autour de toi • s'illuminent à présent • de cette lumière rouge vigoureuse • qui enracine. • Sens • comme l'énergie de la lumière rouge • te donne force et courage • sur tous tes itinéraires.

Tu fais trois pas • et tu arrives à la torche suivante. ••• Cette torche • fait rayonner le couloir et l'air autour de toi • d'une lumière orange • qui apporte la gaieté. • Sens • comme l'énergie de la lumière orange • stimule ta créativité • et éveille en toi la passion • qui t'aidera à réaliser tes rêves.

Fais les trois pas • qui te séparent de la prochaine torche. ••• Cette torche • fait rayonner le couloir • et l'air autour de toi • d'une lumière jaune d'or • qui apporte la confiance. • Sens • comme l'énergie de la confiance en toi • et de la joie de vivre • augmente en toi-même.

Fais encore une fois trois pas • jusqu'à la torche suivante. ••• Cette torche • fait rayonner le couloir • et l'air autour de toi • d'une lumière verte • qui guérit. • Sens • l'énergie de la guérison, • de l'harmonie • et de la croissance spirituelle • toucher ton âme.

Après trois autres pas, ••• la torche suivante fait resplendir le couloir • et l'air autour de toi • d'une lumière bleue céleste. • Sens • comme l'énergie de la communication, • l'énergie des mots qui guérissent • touchent ton cœur.

Fais les trois pas • qui te séparent de la prochaine torche. ••• Cette torche • fait rayonner le couloir • et l'air autour de toi • d'une lumière violette • qui apporte la paix. • Sens • comme l'énergie de la paix • se répand en toi, • fortifie ta foi • et ta spiritualité.

À présent, ◦ fais encore une fois trois pas ◦ jusqu'à la torche suivante. ◦◦◦ Cette septième torche fait rayonner le couloir ◦ et l'air autour de toi ◦ d'une lumière blanche immaculée. ◦ Sens ◦ comme se répand en toi l'énergie du calme total, ◦ de la paix universelle ◦ et de la sécurité absolue.

Accompagné(e) de ton Ange Gardien, ◦ tu traverses la lumière blanche ◦ et tu pénètres dans une vallée féerique. ◦◦◦ Elle scintille et étincelle ◦ de merveilleuses couleurs paradisiaques, ◦ que tu contemples à présent. ◦ L'air de cette vallée exhale un souffle doré, ◦ toutes les plantes y sont majestueuses ◦ et rayonnent de couleurs ◦ que tu n'as encore jamais vues. ◦ Un pont de lumière ◦ fait d'un arc-en-ciel ◦ conduit à une petite rivière ◦ qui s'écoule paisiblement.

Tous les êtres vivants de cette vallée ◦ sont pacifiques, ◦ heureux ◦ et se comportent avec amour les uns envers les autres. ◦◦◦ Dans le ciel, ◦ de joyeux angelots ◦ oscillent avec bonheur ◦ sur leurs balançoires de nuages. ◦◦◦ C'est merveilleux à regarder. ◦ Tu es tout à fait détendu(e), ◦ tu te sens bien ◦ et protégé(e).

Ton Ange Gardien ◦ pose avec amour ◦ sa main sur ton épaule. ◦ À côté de lui se tient, ◦ enveloppé d'une lumière céleste scintillante ◦ colorée de bleu, ◦ de blanc ◦ et de nacre, ◦ un Ange du Trésor. ◦ Il te regarde avec amour. ◦ Va vers lui ◦ et salue-le aimablement.

Tu es entouré(e) d'amour ◦ et tu te sens très bien. ◦◦◦ Main dans la main avec les deux Anges, ◦ tu te diriges ◦ vers un grand coffre doré. ◦◦◦ Les Anges voudraient te montrer ◦ les plus grands trésors de la Terre, ◦ qu'ils protègent, ◦ mandatés par Dieu, ◦ par son amour infini.

L'Ange du Trésor • frappe une fois dans ses mains • et le couvercle • du coffre saute. • Examine de près • les plus grands trésors de la Terre. • Hum, • qu'est-ce que c'est ?

Dans le coffre • se trouve • un miroir à main en or • serti de pierres précieuses. • Tu le prends. • L'Ange du Trésor sourit avec amour, • et tu commences à comprendre. ••• Tu es le plus grand trésor de la Terre.

Regarde attentivement dans le miroir. • Tu peux y voir • tous les êtres humains. • Des bébés, • des enfants, • des adultes, • des mères, • des pères, • des grand-mères, • des grands-pères, • des amis, • des frères et des sœurs, • des gens de toutes les nations.

Tu entends ces paroles :

Nous protégeons tous les enfants • de la Terre • et du Ciel, • depuis l'origine des temps • et pour l'éternité. • Même si beaucoup nous ont oubliés, • ou ne croient plus en nous, • sous sommes toujours là • pour tous les hommes de cette Terre.

Les deux Anges te regardent avec amour, • te prennent par la main • et vont avec toi vers une magnifique balançoire de nuages. ••• Jouis • de leur compagnie • et du doux balancement • sur la balançoire de nuages. ••• Si tu le désires, • tu peux leur poser une question • ou leur demander conseil.

Courte pause (2 à 5 minutes pour les enfants ; 5 à 20 minutes pour les adultes).

Peu à peu • arrive le moment • où tu dois revenir.

L'Ange du Trésor a encore un cadeau pour toi. ••• Il te tend • un petit miroir à main • et prend congé de toi avec ces mots :

Dieu • et les anges • t'aiment • comme tu es ! Chaque fois • que tu doutes de toi, • regarde dans ce miroir, • considère le plus grand trésor de la Terre • et souviens-toi • de notre amour. • Apprends • à être • toi-même !

Tu remercies l'Ange du Trésor • et tu prends congé de lui • pour aujourd'hui.

Joyeux/joyeuse • et heureux/heureuse, • tu reprends maintenant, • accompagné(e) de ton Ange Gardien, • le chemin du retour, • celui que tu as pris pour venir.

Tandis que tu parcours • le couloir rocheux • qui se trouve derrière la chute d'eau, • les torches multicolores • s'éteignent successivement.

Tu fais trois pas • dans la lumière blanche. ••• La torche blanche s'éteint • à présent. ••• Tu fais trois pas • dans la lumière violette. ••• La torche violette s'éteint • maintenant. ••• Fais encore • trois pas • dans la lumière bleu ciel. ••• La torche bleu ciel • s'éteint • maintenant. ••• Fais trois pas • de plus • dans la lumière verte. ••• La torche verte • s'éteint • à son tour. ••• Avance maintenant • de trois pas • dans la lumière jaune d'or. ••• La torche • jaune d'or • s'éteint à présent. ••• Fais trois pas de plus • dans la lumière orange. ••• La torche orange • s'éteint • maintenant. ••• Enfin, • fais trois pas • dans la lumière rouge. ••• La torche rouge • s'éteint • à présent.

Main dans la main, • tu descends, • conduit(e) par ton Ange Gardien, • l'escalier de pierre, • tu traverses le buisson de roses • et tu parviens sur la plage. • Derrière vous, • le buisson de roses • se referme • de façon étrange. • Maintenant, • on ne voit plus rien • de l'escalier de pierre. ••• Joyeux/joyeuse • et détendu(e), • tu es maintenant prêt(e) • à revenir • dans ton quotidien.

POSTLUDE

Maintenant, • inspire et expire profondément. ••• Tu sens • comme tu t'éveilles lentement • et reviens dans le quotidien. ••• Respire encore une fois • profondément. • À présent, • tu sens de nouveau ton corps, ••• tes bras ••• et tes jambes. ••• Inspire et expire encore une fois profondément. • Remue lentement tes bras, ••• tes mains, ••• tes jambes, ••• étire-toi, • ouvre lentement les yeux • et, • joyeux/joyeuse et reposé(e), • reviens dans ton quotidien.

Les méditations guidées sur les anges à l'intention des adolescents

à partir de 16 ans et des adultes ayant une expérience de la méditation, des groupes de méditation, des thérapeutes et des cercles de méditants selon le modèle anglais.

Important !

Pour les méditations suivantes, la localisation des chakras doit être connue des participants ! Si vous désirez effectuer ces méditations avec des enfants et/ou des adultes ayant peu l'expérience de la méditation, laissez tomber la respiration des chakras et raccourcissez les pauses à 2-5 minutes.

L'ACTIVATION DES CENTRES ÉNERGÉTIQUES

Dans la méditation suivante, il s'agit d'ouvrir consciemment les chakras afin d'atteindre un niveau de conscience dépourvu de tensions. Après la méditation, les chakras sont fermés pour permettre un retour détendu dans le quotidien. Grâce à la respiration consciente des chakras, ces derniers, de même que les corps énergétiques, connaissent une purification supplémentaire.

PRÉLUDE

Étends-toi très détendu(e), • étire tes jambes • et laisse retomber tes pieds • lentement vers l'extérieur. ••• Tes bras • reposent relaxés • sur les côtés. • Ferme les yeux, • inspire • et expire calmement. • Sens • combien tu deviens • plus calme • à chaque respiration. • À chaque expiration, • tu lâches • tout ce qui t'a occupé(e) • jusqu'ici. ••• Laisse défiler tes pensées • comme de petits nuages blancs • dans un ciel ensoleillé. ••• La pression • en toi-même • devient plus légère • et s'écoule avec l'expiration. ••• À l'inspiration, • tu respires la légèreté • et la liberté, • qui te facilitent • l'accès • à la profondeur de ton être. ••• Tu te sens calme • et satisfait(e), • tu es totalement relaxé(e). ••• Maintenant, • tu peux voyager en imagination • dans le royaume • des anges.

MÉDITATION

Imagine • que tu te trouves dans une prairie aux couleurs riantes. • C'est une journée d'été • agréablement chaude. • L'air est clair, • le ciel rayonne de son plus beau bleu • et de petits nuages moutonneux • migrent joyeusement • sur la voûte céleste.

Tu es tout à fait détendu(e), • tu te sens bien • et protégé(e).

Tandis que tu considères les nuages, • tu sens • ton Ange Gardien s'approcher de toi. • C'est une sensation bienfaisante • que de ressentir son amour • et sa proximité. • Il se réjouit beaucoup • que tu sois en sa compagnie • et que ta confiance en lui • soit de plus en plus grande. • Salue-le • et jouis de son embrassement plein d'amour.

Aujourd'hui, • ton Ange Gardien voudrait t'entraîner • à ouvrir • et à fermer tes chakras.

Sur la prairie • poussent sept grandes fleurs • merveilleuses • dont les corolles sont encore fermées. ••• Ton Ange Gardien te prend par la main • et ensemble • vous allez vers la première fleur.

Tu te tiens maintenant • devant un merveilleux bourgeon de rose rouge. • Imagine que cette rose • est ton chakra racine. • Ton Ange Gardien fait un geste de la main • et très lentement • le bourgeon déploie, • pétale après pétale, • sa merveilleuse corolle. • Tandis que tu observes cela, • tu sens s'ouvrir • ton chakra racine. • Il irradie • une vigoureuse lumière rouge. • L'énergie de ce chakra • te relie à la terre. • De la rose ouverte • rayonne une vigoureuse lumière rouge. • Le rouge • est la couleur de la force, • du courage • et de l'enracinement. • Inspire profondément • cette énergie rouge curative • et laisse-la s'écouler, • à l'expiration, • à travers ton chakra racine.

Va maintenant • vers le bourgeon de la rose orange. • Imagine • que cette rose • est ton chakra sacré. • Ton Ange Gardien répète son geste de la main • et très doucement • le bourgeon revêt • son habit lumineux • de couleur orange. • Tandis que tu observes cela, • tu sens s'ouvrir, • très lentement et doucement, • ton chakra sacré. • Il irradie • une vive lumière orange. • Le chakra sacré • est le siège • des instincts primitifs. • De la rose épanouie • rayonne une vive lumière orange. • L'orange • est la couleur de la passion, • de la gaieté • et de la créativité. • Inspire profondément • cette énergie orange curative • et, à l'expiration, • laisse-la s'écouler • à travers ton chakra sacré.

Va à présent • vers le bourgeon de la rose jaune d'or. • Imagine • que cette rose • est le chakra de ton plexus solaire. • Sur un geste de la main de ton Ange Gardien, • le bourgeon déploie, • dans le recueillement, • ses pétales somptueux. • Tandis que tu observes cela, • tu sens s'ouvrir, • très lentement, • le chakra de ton plexus solaire. • Il irradie • une merveilleuse lumière • jaune d'or. • Le chakra du plexus solaire • est le siège • des sentiments – • des sentiments du bon et du mauvais, • de ce qui est juste et de ce qui est faux. • De la rose ouverte • émane une lumière jaune d'or • qui apporte la confiance. • Le jaune d'or • est la couleur de l'assurance, • de la confiance en soi, • de la joie de vivre, • de la gaieté • et du savoir. • Inspire profondément • cette énergie curative jaune d'or et, • à l'expiration, • laisse-la s'écouler • à travers ton chakra du plexus solaire.

Va maintenant • vers la bourgeon suivant. • C'est une rose de couleur rose, • dont les sépales verts • sont encore fermés. • Imagine • que cette rose • est ton chakra du cœur. • Ton Ange Gardien fait un geste de la main. • Tout doucement • se déploie le bourgeon, • d'abord les sépales verts, • puis les pétales roses • dans le centre de la fleur. • Tandis que tu observes cela, • tu sens s'ouvrir, • très lentement, • ton chakra du cœur. • Il irradie un vert lumineux et, • au centre de ton chakra, • étincelle une merveilleuse lumière rose. • Dans le chakra du cœur • vit la flamme de l'amour. • De la rose ouverte • émanent une lumière verte et une lumière rose. • Le vert • est la couleur de la guérison, • de l'équilibre intérieur • et de la croissance spirituelle. • Le rose • est la couleur du cœur, • la couleur de l'amour. • Inspire profondément • cette énergie curative • vert et rose et, • à l'expiration, • laisse-la s'écouler • à travers ton chakra du cœur.

Va à présent • vers le bourgeon bleu ciel. • Imagine • que cette rose • est ton chakra de la gorge. • Après un nouveau geste de la main de ton Ange Gardien, • ce bourgeon déploie, • avec gravité, • son vêtement d'un bleu céleste. • Tandis que tu observes cela, • tu sens s'ouvrir • lentement et doucement • ton chakra de la gorge. • Il irradie • une lumière • d'un beau bleu ciel. • De la rose ouverte • rayonne une lumière bleu ciel. • Le bleu ciel • est la couleur de la communication. • Cette lumière • amène sur tes lèvres • les paroles qu'il faut • au bon moment. • Inspire profondément • cette énergie curative • bleu ciel et, • à l'expiration, • laisse-la s'écouler • à travers ton chakra de la gorge.

Manie ces paroles • avec précaution • et responsabilité, • car les mots • peuvent changer le monde.

Va maintenant • vers le bourgeon de rose violet. • Imagine • que cette rose • est ton chakra du front. • Ton Ange Gardien • encore une fois • fait un geste de la main • et le bourgeon, • pétale après pétale, • déploie sa merveilleuse corolle. • Tandis que tu observes cela, • tu sens s'ouvrir, • doucement et lentement, • ton chakra du front. • Il irradie • dans toutes les nuances • du violet et du bleu roi. • Dans le chakra du front • siège la faculté • de visualiser • et de se former son propre jugement. • De la rose ouverte • irradie une lumière violette • et bleu roi. • Le violet est la couleur de la spiritualité, • de la foi • et de la paix intérieure. •

Le bleu roi • est la couleur • de l'équanimité, • de la protection • et de l'intuition. • Inspire profondément • cette énergie curative teintée de violet • et de bleu roi et, • à l'expiration, • laisse-la s'écouler • à travers ton chakra du front.

Va à présent • vers le bourgeon suivant. • Tu te tiens maintenant • devant un somptueux bourgeon de lys blanc. • Imagine • que ce lys • est ton chakra couronne. • À la suite d'un nouveau geste de la main de ton Ange Gardien, • le lys déploie • très lentement • sa robe florale • d'un blanc immaculé. • Tandis que tu observes cela, • tu sens s'ouvrir, • doucement et lentement, • ton chakra couronne. • Il rayonne • dans un blanc immaculé et, • au centre de ton chakra couronne, • une lueur nacrée étincelle. • Au-dessus de ton chakra couronne, • tu es relié(e) à la source divine • de toute vie. • Du lys épanoui • rayonne une lumière blanche immaculée • et nacrée. • Le blanc • est la couleur de la pureté, • du calme complet, • de la sécurité totale • et de la paix universelle. • La nacre • englobe toutes les couleurs • et par conséquent toutes les énergies. • Inspire profondément • cette énergie curative • blanche • et nacrée et, • à l'expiration, • laisse-la s'écouler • à travers ton chakra couronne.

Tu vois maintenant • devant toi • un vieil arbre, • grand • et vigoureux. ••• Avec ton Ange Gardien, • tu parcours les quelques pas • qui te séparent de cet arbre. • Assieds-toi dans l'herbe agréablement chaude, • sous cet arbre, • et adosse-toi à son tronc • vigoureux, • qui guérit. ••• Jouis de l'énergie puissante • et curative • de l'arbre. ••• Si tu le désires, • tu peux poser une question à ton Ange Gardien • ou lui demander conseil.

Courte pause (5 à 20 minutes pour les adultes).

Tout doucement • vient le moment • où tu dois revenir.

Ton Ange Gardien te déclare :

Même si, consciemment, tu fermes maintenant tous tes chakras, • leurs énergies sont toujours actives • et reliées à la source divine de toute vie • et à la terre. • Il est très important • de refermer les chakras • après une méditation. • C'est seulement ainsi • que tu peux poursuivre • ton chemin de vie • avec tes deux jambes • solidement plantées • sur la terre. • L'activation des centres énergétiques • sert au déploiement • de ta personnalité. • Il s'agit • de te développer lentement • et avec la conscience de tes responsabilités, • de faire tes expériences, • d'en tirer les leçons • et de grandir. • Suis ton chemin de vie avec honnêteté, • responsabilité, • joie, • patience • et amour. • Les anges • sont toujours à tes côtés • et t'aident • sur tous tes chemins.

Il te regarde avec beaucoup d'amour • et de sagesse. ••• Tu te sens très bien • et protégé(e).

Accompagné(e) de ton Ange Gardien, • tu reprends maintenant le chemin • de la prairie colorée • aux sept grandes fleurs. ••• Ton Ange Gardien fait un geste de la main • et les fleurs • referment successivement • leurs corolles.

Le somptueux lys blanc • ferme à présent • sa robe blanche immaculée. • Tu sens • ton chakra couronne • se fermer doucement.

La rose violette • ferme maintenant • sa corolle violette • et tu sens aussi • ton chakra du front • se fermer tout doucement.

La rose bleu ciel • ferme à présent • son vêtement bleu ciel • et tu sens • que ton chakra de la gorge • se ferme aussi doucement.

La rose de couleur rose • ferme maintenant • sa robe rose • et ses sépales verts. • Tu sens • ton chakra du cœur • se refermer doucement.

Lentement et avec componction, • la rose jaune d'or • ferme à présent sa corolle, • et tu sens • le chakra de ton plexus solaire • se refermer également.

La rose orange • ferme maintenant • son habit orange • et tu sens • se refermer doucement • ton chakra sacré.

Enfin, • la rose rouge • se ferme. • Ton chakra racine • se ferme également • avec une grande lenteur • et une grande douceur.

Tu sens • que tu es relié(e) à la terre • et à la source divine • de toute vie. ••• Joyeux/joyeuse • et détendu(e), • tu es maintenant prêt(e) • à revenir • dans ton quotidien.

POSTLUDE

Maintenant, • inspire et expire profondément. ••• Tu sens • que tu t'éveilles lentement • et reviens dans le quotidien. ••• Respire encore une fois • profondément. • À présent, • tu sens de nouveau ton corps, ••• tes bras ••• et tes jambes. ••• Inspire et expire encore une fois profondément. • Remue lentement tes bras, ••• tes mains, ••• tes jambes, ••• étire-toi, • ouvre lentement les yeux • et, • joyeux/joyeuse et reposé(e), • reviens dans ton quotidien.

L'ANGE DE L'AMITIÉ

Les amis, ce sont des personnes familières qui, dans notre vie, nous accompagnent un bout de chemin et souvent un peu plus. Parfois, ils nous servent de miroirs, qui nous aident à comprendre notre âme un peu mieux. L'amitié est une facette du joyau appelé amour.

PRÉLUDE

Étends-toi très détendu(e), • étire tes jambes • et laisse retomber tes pieds • lentement vers l'extérieur. ••• Tes bras • reposent relaxés • sur les côtés. • Ferme les yeux, • inspire • et expire calmement. • Sens • combien tu deviens • plus calme • à chaque respiration. • À chaque expiration, • tu lâches • tout ce qui t'a occupé(e) • jusqu'ici. ••• Laisse défiler tes pensées • comme de petits nuages blancs • dans un ciel ensoleillé. ••• La pression • en toi-même • devient plus légère • et s'écoule avec l'expiration. ••• À l'inspiration, • tu respires la légèreté • et la liberté, • qui te facilitent • l'accès • à la profondeur de ton être. ••• Tu te sens calme • et satisfait(e), • tu es totalement relaxé(e). ••• Maintenant, • tu peux voyager en imagination • dans le royaume • des anges.

MÉDITATION

Imagine • que tu es assis(e) au bord d'un merveilleux étang à nénuphars. ••• C'est une nuit d'été • agréablement chaude, • claire et étoilée. • Des millions d'étoiles • scintillent • et rayonnent • sur la voûte céleste bleu roi. • La lune • et les étoiles • se reflètent • dans l'eau de l'étang, • claire comme du cristal. ••• Tu entends • le grésillement des grillons, • le bruissement des feuilles dans le vent • et l'aimable chant du rossignol. ••• Tu es tout à fait détendu(e), • tu te sens bien • et protégé(e). ••• Tandis que tu écoutes le chant • du rossignol, • tu sens • ton Ange Gardien • s'approcher de toi. • C'est une sensation bienfaisante • que de ressentir • son amour, • sa proximité • et la confiance qu'il a en toi. • Salue-le • et jouis • de son embrassement plein d'amour.

Aujourd'hui, • il voudrait te présenter • l'Ange de l'Amitié. ••• Ton cœur jubile • et tu sais • que quelque chose de très particulier va arriver. ••• Regarde les nénuphars • sur l'étang. • Six nénuphars • particulièrement beaux, • bigarrés • et lumineux, • ainsi qu'une fleur de lotus, • ont encore • leurs corolles fermées.

Ton Ange Gardien fait un geste de la main. • Vois ce qui arrive. ••• Le nénuphar rouge • ouvre sa corolle rouge • lumineuse. • Une petite elfe • en robe rouge étincelante • s'envole bravement de la fleur • et danse devant toi • joyeusement, • sur l'eau. • L'air autour de toi • irradie maintenant • une lumière rouge • qui apporte la force. • Inspire profondément • cette énergie rouge curative • qui apporte la force et, • à l'expiration, • laisse-la s'écouler • à travers ton chakra racine.

C'est à présent • le nénuphar orange • qui s'ouvre. • Une petite elfe, • vêtue d'une merveilleuse • et étincelante • robe orange, • s'envole en riant • de la fleur • vers sa sœur danseuse. • L'air autour de toi • irradie • une lumière orange • qui apporte la gaieté. • Inspire profondément • cette énergie orange curative et, • à l'expiration, • laisse-la s'écouler • à travers ton chakra sacré.

Un nénuphar jaune d'or • s'ouvre maintenant. • En riant joyeusement, • une petite elfe, • en robe jaune d'or, • s'envole • vers ses sœurs danseuses. • L'air autour de toi • irradie • une lumière jaune d'or • qui apporte la confiance. • Inspire profondément • cette énergie jaune d'or curative • qui apporte la confiance et,

• à l'expiration, • laisse-la s'écouler • à travers le chakra de ton plexus solaire.

Les sépales verts • d'un nénuphar rose • s'ouvrent à présent • et une petite elfe, • en robe scintillante vert • et rose, • s'envole joyeusement • vers ses sœurs danseuses. • L'air autour de toi • irradie • une lumière verte curative. • Inspire profondément • cette énergie verte apaisante et, • à l'expiration, • laisse-la s'écouler • à travers ton chakra du cœur.

Un nénuphar bleu ciel • ouvre maintenant • sa corolle • pour une petite elfe chanteuse • en robe étincelante • bleu ciel. • L'air autour de toi • irradie • une lumière d'un bleu céleste. • Inspire profondément • cette énergie bleu ciel curative et, • à l'expiration, • laisse-la s'écouler dans ton chakra de la gorge.

Un nénuphar violet • ouvre à présent • sa corolle • pour une petite elfe • vêtue d'une robe • d'un violet radieux. • L'air autour de toi • irradie • une lumière violette • qui apporte la paix. • Inspire profondément • cette énergie violette curative • et apaisante et, • à l'expiration, • laisse-la s'écouler • à travers ton chakra du front.

C'est maintenant • un lotus blanc • qui ouvre sa corolle • pour une petite elfe • ensorceleuse • dans sa robe blanche immaculée. • L'air autour de toi • irradie • une lumière blanche immaculée. • Par la lumière blanche, • tu es relié(e) • à la source divine • de toute vie. • Inspire profondément • cette énergie blanche curative et, • à l'expiration, • laisse-la s'écouler • à travers ton chakra couronne.

Les sœurs elfes, • en riant joyeusement, • se prennent par la main • et dansent, • décontractées, • sur l'eau à la clarté de cristal. ••• En riant, • ton Ange Gardien • fait un signe de tête • aux elfes.

• Pleines de joie de vivre, • elles jettent en l'air • une poudre d'elfe • scintillante • aux couleurs de l'arc-en-ciel. • Regarde • ce qui se passe. ••• À travers la poudre scintillante • s'ouvre une porte de lumière, • habituellement invisible, • qui donne accès • au royaume • des anges de l'Amitié.

Accompagné(e) de ton Ange Gardien, • tu passes la porte de lumière • pour prendre le chemin • qui te conduit • dans le jardin paradisiaque • des anges de l'Amitié.

Dans ce jardin, • toutes les couleurs • brillent encore plus intensément • et de façon plus vive. • Ici fleurissent des fleurs • et poussent des arbres • comme tu n'en as encore jamais vus jusqu'ici. ••• L'air est clair • et pur. • Dans le ciel • scintillent des millions • de cœurs minuscules roses • et bleu ciel • faits de lumière.

Un peu plus loin devant toi, • tu aperçois un banc de jardin en or, • sur lequel est assis • un Ange de l'Amitié, • qui t'attend. • Assieds-toi à côté de lui sur le banc de jardin • et salue-le aimablement.

Il te déclare :

Les amis • sont des personnes familières • qui font avec toi dans ta vie • un bout de chemin, • ou beaucoup plus. • Parfois, • ils te servent de miroir • afin de t'aider • à mieux comprendre ton âme • et à l'aimer. • Accepte les bénédictions de la vraie amitié • et sers-t'en pour grandir. • L'amitié • représente une facette • du joyau appelé amour.

Un peu plus loin devant toi, • tu vois • dans le jardin • un petit étang. ••• Les deux anges • te prennent par la main • et parcourent avec toi les quelques pas • qui mènent à cet étang. • L'eau • de l'étang a la clarté du cristal. • Tu peux y voir • ton image • reflétée.

Si tu le désires, • prie l'Ange de l'Amitié • de te montrer, • dans le miroir cristallin de l'eau, • ce que tu as pu apprendre auprès de tes amis • et ce que tu peux encore apprendre. ••• Tu peux aussi lui poser une question • ou lui demander conseil.

Courte pause (5 à 20 minutes pour les adultes).

Tout doucement • vient le moment • où tu dois revenir.

L'Ange de l'Amitié • prend congé de toi • avec ces paroles :

N'essaie pas • de modifier l'image reflétée, • c'est seulement le miroir. • Observe • l'extérieur • et change • l'intérieur. • L'extérieur • reflète • l'intérieur.

Plein(e) d'amour • et de confiance, • tu prends congé pour aujourd'hui • de l'Ange de l'Amitié. • Remercie-le • pour tout son amour • et son amitié.

Accompagné(e) de ton Ange Gardien, • tu repasses à présent • la porte de lumière • pour retrouver ton étang de nénuphars.

Les petites elfes • t'attendent, • rayonnantes de joie • et pleines d'amour. • Elles lèvent leurs gracieuses mains, • la porte de lumière redevient invisible • et la poudre d'elfe • aux couleurs de l'arc-en-ciel • regagne leurs petites mains. ••• Pour te dire adieu, • elles te donnent • sept tendres baisers • sur la joue • et sur le bout du nez. • Successivement, • elles regagnent leurs maisons florales • et referment pour aujourd'hui • leurs corolles.

L'elfe • en robe blanche de lotus • vole vers le lotus blanc, • qui ferme maintenant • sa corolle. ••• L'elfe • vêtue de sa robe de nénuphar violet • regagne à tire-d'aile son nénuphar violet, • sa petite sœur • en robe bleu ciel • regagne son nénuphar bleu ciel. • Tu peux voir • se refermer à présent • leurs corolles violette • et bleu ciel.

L'elfe • en robe étincelante • vert • et rose • vole vers les sépales verts de son nénuphar rose • et referme la corolle rose • aux sépales verts.

Les elfes • aux robes jaune d'or, • orange • et rouge • volent également vers leurs maisons florales • et referment pour aujourd'hui • leurs corolles • jaune d'or, • orange • et rouge.

Joyeux/joyeuse • et heureux/heureuse, • tu es maintenant prêt(e) • à revenir dans ton quotidien.

POSTLUDE

Maintenant, • inspire et expire profondément. ••• Tu sens • que tu t'éveilles lentement • et reviens dans le quotidien. ••• Respire encore une fois • profondément. • À présent, • tu sens de nouveau ton corps, ••• tes bras ••• et tes jambes. ••• Inspire et expire encore une fois profondément. • Remue lentement tes bras, ••• tes mains, ••• tes jambes, ••• étire-toi, • ouvre lentement les yeux • et, • joyeux/joyeuse et reposé(e), • reviens dans ton quotidien.

L'ANGE DE L'AMOUR

L'amour que vous êtes est une pierre précieuse non encore polie. Pour susciter son éclat, de nombreuses facettes doivent être polies. C'est seulement alors que, sous la forme d'un diamant d'amour, elle peut rayonner par toutes ses facettes les différentes formes d'amour.

PRÉLUDE

Étends-toi très détendu(e), • étire tes jambes • et laisse retomber tes pieds • lentement vers l'extérieur. ••• Tes bras • reposent relaxés • sur les côtés. • Ferme les yeux, • inspire • et expire calmement. • Sens • combien tu deviens • plus calme • à chaque respiration. • À chaque expiration, • tu lâches • tout ce qui t'a occupé(e) • jusqu'ici. ••• Laisse défiler tes pensées • comme de petits nuages blancs • dans un ciel ensoleillé. ••• La pression • en toi-même • devient plus légère • et s'écoule avec l'expiration. ••• À l'inspiration, • tu respires la légèreté • et la liberté, • qui te facilitent • l'accès • à la profondeur de ton être. ••• Tu te sens calme • et satisfait(e), • tu es totalement relaxé(e). ••• Maintenant, • tu peux voyager en imagination • dans le royaume • des anges.

MÉDITATION

Imagine • que tu te trouves dans un merveilleux jardin, • grand • et luxuriant. • C'est une journée d'été • agréablement chaude. • De petits nuages moutonneux • se balancent doucement • dans un ciel clair et bleu.

Tu es tout à fait détendu(e), • tu te sens bien • et protégé(e). ••• Ce jardin • est un jardin tout à fait particulier. • C'est un jardin à papillons. • Ici poussent • et fleurissent • de nombreux arbres, • buissons • et plantes ornementales, • qui donnent une patrie • à la multitude de papillons bigarrés. • De petites elfes • soignent avec amour • toute cette végétation, • de manière qu'elle croisse • et prospère somptueusement.

Tu vois à ta droite • des framboisiers • et des mûriers, • tu découvres plus loin un grand noisetier • ainsi que des pommiers • et des cerisiers.

La prairie • est parsemée de pâquerettes, • de pissenlits, • de trèfle rouge, de trèfle blanc • et de tussilage. ••• Tu sens le parfum • de la lavande, • de la violette • et du thym.

Tu peux découvrir • dans ce jardin • des papillons de toutes grandeurs, • de toutes couleurs, • à tous les stades de développement. • Ils pondent des œufs, • dont sortent des chenilles, • qui se transforment en chrysalides. • De chaque cocon éclot un merveilleux papillon, • qui va danser • dans l'air clair et ensoleillé. ••• C'est magnifique à regarder.

Tandis que tu observes les papillons, • tu sens • ton Ange Gardien • s'approcher de toi. • C'est une sensation bienfaisante • que de ressentir • sa proximité, • son amour • et la confiance qu'il a en toi. • Il se réjouit beaucoup • de ta compagnie. • Salue-le • et jouis • de son embrassement plein d'amour • qui te fortifie.

Aujourd'hui, • il voudrait te présenter • l'Ange de l'Amour. ••• Tu te réjouis beaucoup • et tu sais • que quelque chose de tout à fait particulier va se produire.

Un peu plus loin, • tu peux reconnaître dans le jardin • un grand buisson à papillons, somptueux, • couleur lilas. •••

Accompagné(e) de ton Ange Gardien, • tu fais les quelques pas qui te séparent de ce buisson.

Arrivé(e) devant le buisson à papillons, • tu vois sept • grands papillons merveilleux • posés • sur les nombreuses fleurs lilas • du buisson. • Tu ne peux qu'imaginer • la couleur de leurs ailes • car celles-ci sont encore repliées • pour le moment.

En souriant, • ton Ange Gardien • fait un geste de la main. ••• Successivement, • les papillons • ouvrent maintenant leurs ailes • et irradient une lumière • dans toutes les couleurs de l'arc-en-ciel.

D'abord, • un papillon ouvre • ses ailes somptueuses • dessinées dans toutes les nuances du rouge. • Sa lumière rouge • te donne de la force, • du courage • et te relie • à la terre. • Inspire profondément • cette énergie rouge • curative et, • à l'expiration, • laisse-la s'écouler • à travers ton chakra racine.

À présent, • un autre papillon • ouvre ses ailes lumineuses • dessinées dans toutes les nuances de l'orange. • Sa lumière orange • te donne la gaieté • et amène un sourire • sur ton visage. • Inspire profondément • cette énergie orange curative et, • à l'expiration, • laisse-la s'écouler • à travers ton chakra sacré.

Maintenant, • un grand papillon • ouvre ses ailes, • qui scintillent d'or • et de jaune. • Sa lumière te donne la joie de vivre, • l'entrain • et la confiance en toi. • Inspire profondément • cette énergie jaune d'or curative et, • à l'expiration, • laisse-la s'écouler • à travers le chakra de ton plexus solaire.

Un magnifique papillon • ouvre maintenant ses ailes, • qui irradient dans toutes les nuances du vert. • Sa lumière • t'apporte la guérison, • la croissance spirituelle • et l'équilibre intérieur. •

Inspire profondément • cette énergie verte curative et, • à l'expiration, • laisse-la s'écouler • à travers le chakra de ton cœur.

Un papillon • ouvre à présent ses somptueuses ailes, • dessinées • dans toutes les nuances du bleu. • Sa lumière • amène sur tes lèvres • les mots qu'il faut • au bon moment. • Inspire profondément • cette énergie bleue curative et, • à l'expiration, • laisse-la s'écouler • à travers le chakra de ta gorge.

Un papillon chatoyant • ouvre maintenant ses ailes, • dessinées dans toutes les teintes du violet • et de l'indigo. • Sa lumière • t'apporte la paix intérieure • et éclaire ta spiritualité. • Inspire profondément • cette énergie violette curative et, • à l'expiration, • laisse-la s'écouler à travers ton chakra du front.

Un papillon majestueux • ouvre à présent • ses ailes blanches • et nacrées. • Sa lumière • t'apporte la paix universelle, • le calme total • et la sécurité absolue. • Inspire profondément • cette énergie blanche curative et, • à l'expiration, • laisse-la s'écouler • à travers ton chakra couronne.

Ton Ange Gardien fredonne une mélodie, • l'air autour de toi • commence à vibrer • et l'Ange de l'Amour • devient visible pour toi • à côté du buisson à papillons. • Il te regarde avec amour • et sagesse. ••• Va vers lui • et salue-le aimablement.

L'Ange de l'Amour te déclare :

L'amour, que vous êtes, • est une pierre précieuse encore brute. • Pour susciter son éclat, • de nombreuses facettes doivent être polies. • C'est seulement alors que, • sous la forme d'un diamant d'amour, • elle peut rayonner de toutes ses facettes • toutes les formes de l'amour : • dans l'amour entre homme et femme, • entre parents et enfant, • entre grands-parents et petits-enfants, • dans l'amour pour les amis,

• pour tes parents plus éloignés, • pour ton prochain, • l'amour pour les animaux, • pour les plantes, • pour la nature, • pour la mer, • pour les montagnes, • l'amour pour toi-même, • pour les anges, • et l'amour pour Dieu. • À cette fin, • de nombreuses expériences sont nécessaires, • qu'il vous est donné de faire • sur votre chemin de vie.

Main dans la main • avec les deux anges, • tu t'approches maintenant • du grand noisetier. ••• Étends-toi • devant cet arbre • dans l'herbe tendre • et agréablement chaude. • Laisse-toi toucher • et guérir • par l'Ange de l'Amour. • Abandonne-lui • toute ta colère, • ta rage, • tes peurs, • tes soucis • et tous tes sentiments. • Si tu le permets, • l'amour peut tout transformer, • il peut guérir toutes les blessures.

Jouis • de l'énergie • de l'amour universel. ••• Si tu le désires, • tu peux poser une question à l'Ange de l'Amour, • ou lui demander conseil.

Courte pause (5 à 20 minutes pour les adultes).

Peu à peu • vient le moment • de revenir.

L'Ange de l'Amour prend congé de toi avec ces paroles :

L'amour de Dieu • représente la plus grande source d'énergie. • Il ne connaît pas de limites. • Dieu • aime chacun de ses enfants • d'une manière qui est • pour chaque enfant • unique • et parfaite. • Toute personne • peut expérimenter • le miracle • de cet amour. • Vous avez le libre arbitre • et le choix • d'ouvrir vos cœurs • à l'amour de Dieu. • Si tu admets cet amour • et si tu te sens aimé(e) par Dieu, • de sorte que son amour puisse s'écouler à travers toi, • tout ce que tu fais • portera la marque de cet amour.

Remercie l'Ange de l'Amour • et prends congé de lui pour aujourd'hui.

Ton Ange Gardien fredonne une mélodie, • l'air se met à vibrer • et l'Ange de l'Amour • redevient invisible pour toi.

Maintenant, • ton Ange Gardien fait un geste de la main • et les papillons • referment successivement • leurs ailes lumineuses • multicolores. ••• D'abord, • c'est le papillon blanc • et nacré • qui replie ses ailes, ••• puis le papillon violet et indigo referme les siennes, ••• puis le papillon bleu ciel, • le vert • et le jaune d'or ; • maintenant, le papillon orange referme les siennes, • et enfin le papillon rouge.

On ne voit plus rien à présent • de l'air vibrant • ni des lumières bigarrées • des papillons. ••• Tout à fait détendu(e) • et plein(e) de joie, • tu es maintenant prêt(e) • à revenir dans ton quotidien.

POSTLUDE

Maintenant, • inspire et expire profondément. ••• Tu sens • que tu t'éveilles lentement • et reviens dans le quotidien. ••• Respire encore une fois • profondément. • À présent, • tu sens de nouveau ton corps, ••• tes bras ••• et tes jambes. ••• Inspire et expire encore une fois profondément. • Remue lentement tes bras, ••• tes mains, ••• tes jambes, ••• étire-toi, • ouvre lentement les yeux • et, • joyeux/joyeuse et reposé(e), • reviens dans ton quotidien.

L'ANGE DES CŒURS

Parfois, un cœur devient de pierre – du fait de secrets qu'on n'ose pas raconter. Avec la personne à qui l'on fait confiance, l'Ange des Cœurs transforme ces secrets en amour et en compréhension.

PRÉLUDE

Étends-toi très détendu(e), • étire tes jambes • et laisse retomber tes pieds • lentement vers l'extérieur. ••• Tes bras • reposent relaxés • sur les côtés. • Ferme les yeux, • inspire • et expire calmement. • Sens • combien tu deviens • plus calme • à chaque respiration. • À chaque expiration, • tu lâches • tout ce qui t'a occupé(e) • jusqu'ici. ••• Laisse défiler tes pensées • comme de petits nuages blancs • dans un ciel ensoleillé. ••• La pression • en toi-même • devient plus légère • et s'écoule avec l'expiration. ••• À l'inspiration, • tu respires la légèreté • et la liberté, • qui te facilitent • l'accès • à la profondeur de ton être. ••• Tu te sens calme • et satisfait(e), • tu es totalement relaxé(e). ••• Maintenant, • tu peux voyager en imagination • dans le royaume • des anges.

MÉDITATION

Imagine • que tu te trouves dans le merveilleux parc d'un château. • C'est une journée d'été • agréablement chaude.· L'air est clair, • le ciel rayonne • de son plus beau bleu.

Ressens • le doux embrassement du vent • et l'aimable caresse des rayons du soleil • sur ta peau.

Tu vois de grands parterres • de fleurs multicolores, • de vieux arbres somptueux, • des buissons taillés en forme de cœur • et de nombreuses plantes exotiques. • Au milieu du parc • se dresse une fontaine majestueuse. • Un peu plus loin, • tu découvres un château blanc • féerique • avec des tourelles roses.

Des coccinelles • volent de fleur en fleur, • des papillons • dansent dans l'air ensoleillé • et les oiseaux • gazouillent un chant joyeux. • Tu peux sentir l'aimable parfum des roses, • des lys • et des violettes.

Tandis que tu écoutes le chant des oiseaux, • tu sens • ton Ange Gardien • s'approcher de toi. • C'est une sensation bienfaisante • que de ressentir son amour, • sa proximité • et la confiance qu'il a en toi. • Salue-le • et jouis • de son embrassement plein d'amour.

Aujourd'hui, • il voudrait visiter avec toi • l'Ange des Cœurs. ••• Tu te réjouis beaucoup • et tu sens • que quelque chose de tout à fait particulier va arriver. ••• Accompagné(e) de ton Ange Gardien, • tu fais les quelques pas • qui te séparent du château blanc • féerique • avec ses tourelles roses.

Là-bas, • devant le château, • poussent des roses très spéciales. • Ces roses brillent des couleurs de l'arc-en-ciel. ••• Leurs bourgeons • sont encore fermés • pour le moment.

Ton Ange Gardien fait un geste de la main. • Regarde • ce qui se passe.

La grande rose • rouge • ouvre sa corolle • et se transforme • en un gros cœur rouge • fait de lumière. • Du cœur de lumière irradie • une énergie rouge • qui apporte la force • et qui enracine. • Inspire profondément • cette énergie rouge • curative et, • à l'expiration, • laisse-la s'écouler • à travers ton chakra racine.

La rose orange ouvre à présent • sa corolle • et se transforme • en un grand cœur de lumière orange. • De ce cœur de lumière irradie • une énergie orange • passionnée • et joyeuse. • Inspire profondément • cette énergie orange curative et, • à l'expiration, • laisse-la s'écouler • à travers ton chakra sacré.

Maintenant, la rose jaune d'or • ouvre sa corolle • et se transforme • en un grand cœur de lumière jaune d'or. • De ce cœur de lumière irradie • une énergie jaune d'or • qui apporte la confiance • et qui acquiesce à la vie. • Inspire profondément • cette énergie jaune d'or curative et, • à l'expiration, • laisse-la s'écouler • à travers le chakra de ton plexus solaire.

Les sépales verts • de la rose couleur rose • s'ouvrent à présent • et se transforment • en un gros cœur de lumière verte, • qui en son centre • porte une étoile rose lumineuse. • De ce cœur de lumière irradie • une énergie verte curative • harmonieuse • et pleine d'amour. • Inspire profondément • cette énergie verte curative et, • à l'expiration, • laisse-la s'écouler • à travers ton chakra du cœur.

La rose bleu ciel ouvre sa corolle • et se transforme • en un grand cœur lumineux d'un bleu céleste. • De ce cœur de lumière irradie • une énergie bleu ciel communicative. • Inspire profondément • cette énergie curative bleu ciel et, • à l'expiration, • laisse-la s'écouler • à travers ton chakra de la gorge.

La rose violette ouvre sa corolle • et se transforme maintenant • en un gros cœur de lumière violette. • De ce cœur de lumière irradie • une énergie violette apaisante. • Inspire profondément • cette énergie violette curative et, • à l'expiration, • laisse-la s'écouler • à travers ton chakra du front.

Ton Ange Gardien fait un geste de la main • et les rayons • des cœurs de lumière multicolores • atteignent pareillement un arc-en-ciel • sur le mur blanc du château.

Une rose blanche • majestueuse s'ouvre maintenant • et se transforme • en un grand cœur blanc lumineux. • Du cœur de lumière irradie • une énergie blanche • pacifique • qui apporte le calme. • Inspire profondément • cette énergie blanche curative et, • à l'expiration, • laisse-la s'écouler • à travers ton chakra couronne.

Les rayons du cœur blanc lumineux • migrent à présent • vers les rayons multicolores • du mur blanc du château • et s'y fondent • en une somptueuse porte lumineuse • en forme de cœur, • qui te conduit • dans la salle des Cœurs.

Accompagné(e) de ton Ange Gardien, • tu pénètres dans la salle • des Cœurs. ••• L'air autour de toi • et dans la salle • scintille d'une lumière vert, • rose, • jaune d'or • et bleu ciel. ••• Partout, • tu vois des cœurs • de toutes les couleurs • et de toutes les grandeurs. • Les tables, • les chaises, • les lampes, • les cierges, • les coussins, • enfin tout ce que tu peux voir, • a la forme d'un cœur.

Tu entends une musique céleste. • Un chœur d'anges • chante une merveilleuse et aimable mélodie. • Tu es très heureux/heureuse • d'entendre • cette musique. • Tu es tout à fait détendu(e), • tu te sens bien • et protégé(e).

Un peu plus loin dans la salle, • tu aperçois • l'Ange des Cœurs. • Il te regarde, • plein d'amour • et de sagesse. • Va vers lui • et salue-le aimablement.

Il te déclare :

Parfois, • un cœur se fait de pierre. • Il devient pierre • à cause des secrets • qui donnent à l'homme • un cœur lourd. • Des secrets • que l'on n'aime pas raconter • par peur, • par honte • ou par crainte d'un châtiment. • Mais si l'on raconte ces secrets douloureux • à une personne • qui vous aime • tel/telle que vous êtes, • alors la pierre s'attendrit • et le cœur peut guérir, • pour être de nouveau sain • et joyeux. • Avec la personne • en qui l'on a confiance, • l'Ange des Cœurs transforme • ces amers secrets • en amour • et en compréhension.

Au centre de la salle, • il y a un grand lit • blanc • en forme de cœur. ••• Étends-toi, confiant(e), sur ce lit • et laisse l'Ange des Cœurs • te guérir. • Raconte-lui • ce qui t'oppresse • ou ce qui • te préoccupe.

Si tu le désires, • tu peux lui poser une question • ou lui demander conseil.

Courte pause (5 à 20 minutes pour les adultes).

Peu à peu • vient le moment • où tu dois revenir.

L'Ange des Cœurs • a encore un cadeau pour toi. • Il te tend une pierre en forme de cœur • et prend congé de toi par ces mots :

Chaque fois • que tu as des soucis, • ou que tu voudrais raconter un secret, • et que tu ne sais pas à qui tu peux en parler, • raconte-le à l'Ange des Cœurs • ou à ton Ange Gardien. • Nous aiderons ton cœur • à recouvrer la santé • et à redevenir heureux. • Chaque fois • que tu auras besoin de l'aide des anges, • pense à eux • et notre réponse • te trouvera.

Remercie l'Ange des Cœurs • et prends congé de lui pour aujourd'hui.

Accompagné(e) de ton Ange Gardien, • tu repasses la porte de lumière • en forme de cœur • et tu te retrouves dans le parc du château.

Ton Ange Gardien fait un geste de la main, • les lumières multicolores • regagnent successivement leur cœur de lumière • et se retransforment • en les roses merveilleuses • qui à présent ferment, • l'une après l'autre, • leurs pétales.

D'abord, • la rose blanche ferme sa corolle, ••• puis la rose violette ••• et la rose bleu ciel ••• ferment les leurs. ••• La rose de couleur rose • referme sa robe • avec les sépales verts. ••• Maintenant, • ce sont les roses jaunes d'or, ••• orange, ••• et enfin la rose rouge • qui referment leurs corolles. ••• À présent, • on ne voit plus rien • de la porte de lumière • ni des lumières multicolores.

Rayonnant(e) de bonheur, • tu regardes ton Ange Gardien • et tu es prêt(e) maintenant • à revenir • dans ton quotidien.

POSTLUDE

Maintenant, • inspire et expire profondément. ••• Tu sens • que tu t'éveilles lentement • et reviens dans le quotidien. ••• Respire encore une fois • profondément. • À présent, • tu sens de nouveau ton corps, ••• tes bras ••• et tes jambes. ••• Inspire et expire encore une fois profondément. • Remue lentement tes bras, ••• tes mains, ••• tes jambes, ••• étire-toi, • ouvre lentement les yeux • et, • joyeux/joyeuse et reposé(e), • reviens dans ton quotidien.

L'ANGE DE LA COMPASSION

Grâce à la flamme divine de l'amour, qui vit dans ton cœur, tu as la capacité d'entrer en empathie avec les autres, de ressentir avec eux et de prendre part à leur douleur, à leur souffrance morale et à leur détresse. Il est important pour toi et pour les autres que tu observes une certaine distance par rapport à leur souffrance. Si tu acceptes leur douleur comme la tienne, tu n'as pitié que de toi-même et tu ne peux ni les aider ni t'aider toi-même.

PRÉLUDE

Étends-toi très détendu(e), • étire tes jambes • et laisse retomber tes pieds • lentement vers l'extérieur. ••• Tes bras • reposent relaxés • sur les côtés. • Ferme les yeux, • inspire • et expire calmement. • Sens • combien tu deviens • plus calme • à chaque respiration. • À chaque expiration, • tu lâches • tout ce qui t'a occupé(e) • jusqu'ici. ••• Laisse défiler tes pensées • comme de petits nuages blancs • dans un ciel ensoleillé. ••• La pression • en toi-même • devient plus légère • et s'écoule avec l'expiration. ••• À l'inspiration, • tu respires la légèreté • et la liberté, • qui te facilitent • l'accès • à la profondeur de ton être. ••• Tu te sens calme • et satisfait(e), • tu es totalement relaxé(e). ••• Maintenant, • tu peux voyager en imagination • dans le royaume • des anges.

MÉDITATION

Imagine • que tu te trouves dans une merveilleuse prairie féerique. • C'est une journée d'été • agréablement chaude. • De petits nuages blancs • se balancent gentiment • dans un ciel bleu et clair. • Le vent souffle • doucement • dans tes cheveux, • et les rayons dorés du soleil • caressent tendrement ta peau.

Tu es tout à fait détendu(e), • tu te sens bien • et protégé(e).

Un petit ruisseau • serpente dans la prairie • en direction de la forêt. • Tu entends le clapotement • de l'eau cristalline • et le coassement des grenouilles.

Tandis que tu écoutes le coassement des grenouilles, • tu sens ton Ange Gardien s'approcher de toi. • C'est une sensation bienfaisante • que de ressentir sa proximité • et son amour. • Il se réjouit beaucoup • que tu sois en sa compagnie. • Salue-le • et jouis • de son embrassement plein d'amour.

Aujourd'hui, • ton Ange Gardien voudrait visiter avec toi • l'Ange de la Compassion. ••• Tu te réjouis beaucoup • et tu sais • que quelque chose de très particulier va arriver. ••• Ton Ange Gardien te prend par la main en souriant • et fait avec toi le court chemin • qui conduit au ruisseau. ••• Sept grosses pierres • très larges • émergent • de l'eau claire du ruisseau, • grâce auxquelles tu parviens sans encombre • sur la rive opposée.

Ton Ange Gardien fait un geste de la main. • Regarde, • les pierres rayonnent • successivement • dans les couleurs de l'arc-en-ciel • et forment • un couloir lumineux coloré • qui te conduit à la grotte de lumière • des anges de la compassion.

Tu prends pied d'abord • sur la pierre rouge. • Elle irradie • une lumière rouge • vigoureuse. • Cette lumière • te donne de la force, • du courage • et te relie à la terre. • Inspire profondément • cette énergie rouge • curative et, • à l'expiration, • laisse-la s'écouler • à travers ton chakra racine.

Maintenant, • pose le pied sur la pierre orange. • Elle irradie • une lumière orange éblouissante. • Cette lumière • donne la gaieté • et amène un sourire • sur ton visage. • Inspire profondément • cette énergie orange • curative et, • à l'expiration, • laisse-la s'écouler • à travers ton chakra sacré.

Aborde à présent • la pierre jaune d'or. • Elle irradie • une lumière jaune d'or • qui apporte la confiance. • Cette lumière • donne la joie de vivre, • la bonne humeur • et la confiance en soi. • Inspire profondément • cette énergie jaune d'or • curative et, • à l'expiration, • laisse-la s'écouler • à travers le chakra de ton plexus solaire.

Maintenant, • pose le pied sur la pierre verte. • Elle irradie • une lumière verte • curative. • Cette lumière • apporte la guérison, • la croissance spirituelle • et l'équilibre intérieur. • Inspire profondément • cette énergie verte • curative et, • à l'expiration, • laisse-la s'écouler • à travers ton chakra du cœur.

À présent, • pose le pied sur la pierre bleu ciel. • Elle irradie • une lumière • d'un bleu céleste. • Cette lumière • met sur tes lèvres • les mots qu'il faut • au bon moment. • Inspire profondément • cette énergie bleu ciel • curative et, • à l'expiration, • laisse-la s'écouler • à travers le chakra de ta gorge.

Monte maintenant • sur la pierre violette. • Elle irradie • une lumière violette apaisante. • Cette lumière • apporte la paix intérieure, • fortifie ta foi • et éclaire ta spiritualité. • Inspire profondément • cette énergie violette • curative et, • à l'expiration, • laisse-la s'écouler • à travers le chakra de ton front.

Tu abordes maintenant • la pierre blanche. • Elle irradie • une lumière blanche • immaculée. • Cette lumière t'apporte • la sécurité absolue, • la paix universelle • et le calme souverain. • Grâce à cette lumière, • tu es relié(e) à la source divine • de toute vie. • Inspire profondément • cette énergie blanche • curative et, • à l'expiration, • laisse-la s'écouler • à travers ton chakra couronne.

Ton Ange Gardien fredonne une mélodie, • l'air autour de toi • se met à vibrer • et l'entrée • de la grotte lumineuse • des anges de la compassion • devient visible pour toi. ••• Avec ton Ange Gardien, • tu pénètres à présent • dans cette grotte.

Quel spectacle féerique ! • Tout étincelle • et scintille • où que se porte ton regard. • Les parois de la grotte • sont ornées de coquillages, • de cristaux, • de minéraux • et de pierres précieuses. • De la muraille située à ta droite • sourd une eau cristalline • qui coule sur le sol • au-dessus des pierres précieuses, • et disparaît mystérieusement.

Au milieu de la grotte • jaillit une grande source • aux eaux curatives. ••• En arrière • se trouve • un autel sculpté dans la pierre. • Il est merveilleusement décoré • de coquillages • de toutes tailles, • de toutes formes • et de toutes couleurs. • Sur cet autel • et dans les niches des parois de la grotte • brûlent des centaines • de cierges blancs, • qui font étinceler • et scintiller somptueusement • les joyaux enchâssés dans la muraille. • C'est magnifique à regarder.

À côté de l'autel, • tu aperçois • un Ange de la Compassion. • Il te regarde avec amour • et sagesse. • Va vers lui • et salue-le aimablement.

Il te déclare :

Grâce à la flamme divine de l'amour • qui vit dans ton cœur, • tu possèdes la capacité • d'entrer en empathie avec les autres, • de res-

sentir avec eux • et de prendre part à leur douleur, • à leur souffrance morale • et à leur détresse. • Il est important pour toi • et pour les autres • que tu observes une certaine distance • par rapport à leurs souffrances. • Si tu acceptes leur douleur • comme la tienne propre, • tu prends seulement pitié de toi-même • et tu ne peux ni les aider • ni t'aider toi-même.

Il te sourit gentiment • et t'invite • à prendre un bain • dans la source curative. • Tu te déshabilles • et tu entres dans l'eau • agréablement chaude • de la source apaisante. • Jouis • de l'énergie curative • de l'eau. ••• Si tu le souhaites, • tu peux poser une question à l'Ange de la Compassion • ou lui demander conseil.

Courte pause (de 5 à 20 minutes pour les adultes).

Peu à peu • arrive le moment • de revenir.

Tu sors de l'eau et, • miraculeusement, • ta peau • et tes cheveux • sont déjà secs. ••• Ton Ange Gardien • a préparé pour toi • de nouveaux habits, • que tu revêts à présent. ••• Tu te sens rafraîchi(e) • et très léger/légère.

L'Ange de la Compassion prend congé de toi avec ces mots :

Sois prêt(e) • à partager ton temps • avec les personnes en détresse. • Ouvre-leur ton cœur. • Écoute-les • et fais-leur la conversation • afin qu'elles retrouvent l'espoir. • Grâce à ta compassion, • à ton amour • et à ton attention à leur égard, • le sentiment de désespérance se transforme • en espoir. • Vous pouvez alors réfléchir ensemble • sur la manière de soulager les soucis.

Tu remercies l'Ange de la Compassion • et tu prends congé de lui pour aujourd'hui.

Accompagné(e) de ton Ange Gardien, • tu prends le chemin du retour. ••• Tu poses maintenant le pied • sur la pierre blanche. ••• Ton Ange Gardien fredonne une mélodie • et l'entrée de la grotte de lumière • redevient invisible.

Tu abordes maintenant • la pierre violette, ••• puis la bleu ciel, ••• la verte, ••• la jaune d'or, ••• l'orange ••• et enfin • la pierre rouge. ••• À présent, • tu poses le pied sur la pierre blanche.

Ton Ange Gardien fait un geste de la main • et les couleurs de l'arc-en-ciel • s'éteignent. • À présent, • on ne voit plus rien • du couloir de lumière. ••• Vigoureux/vigoureuse • et rééquilibré(e), • tu es maintenant prêt(e) • à revenir dans ton quotidien.

POSTLUDE

Maintenant, • inspire et expire profondément. ••• Tu sens • que tu t'éveilles lentement • et reviens dans le quotidien. ••• Respire encore une fois • profondément. • À présent, • tu sens de nouveau ton corps, ••• tes bras ••• et tes jambes. ••• Inspire et expire encore une fois profondément. • Remue lentement tes bras, ••• tes mains, ••• tes jambes, ••• étire-toi, • ouvre lentement les yeux • et, • joyeux/joyeuse et reposé(e), • reviens dans ton quotidien.

L'ANGE DU DEUIL

L'amour n'est pas diminué par la mort d'un être cher. Chaque amour est unique dans les sentiments que vous éprouvez les uns pour les autres. Ton cœur conserve le souvenir de cet amour. Quand tu fermes les yeux et que tu le permets, tu te souviens de la personne aimée et tu peux ressentir dans ton cœur son amour pour toi. L'amour ne meurt jamais ! L'amour est éternel !

PRÉLUDE

Étends-toi très détendu(e), ◦ étire tes jambes ◦ et laisse retomber tes pieds ◦ lentement vers l'extérieur. ◦◦◦ Tes bras ◦ reposent relaxés ◦ sur les côtés. ◦ Ferme les yeux, ◦ inspire ◦ et expire calmement. ◦ Sens ◦ combien tu deviens ◦ plus calme ◦ à chaque respiration. ◦ À chaque expiration, ◦ tu lâches ◦ tout ce qui t'a occupé(e) ◦ jusqu'ici. ◦◦◦ Laisse défiler tes pensées ◦ comme de petits nuages blancs ◦ dans un ciel ensoleillé. ◦◦◦ La pression ◦ en toi-même ◦ devient plus légère ◦ et s'écoule avec l'expiration. ◦◦◦ À l'inspiration, ◦ tu respires la légèreté ◦ et la liberté, ◦ qui te facilitent ◦ l'accès ◦ à la profondeur de ton être. ◦◦◦ Tu te sens calme ◦ et satisfait(e), ◦ tu es totalement relaxé(e). ◦◦◦ Maintenant, ◦ tu peux voyager en imagination ◦ dans le royaume ◦ des anges.

MÉDITATION

Imagine ◦ que tu te trouves dans une merveilleuse prairie. ◦ C'est une journée d'automne ◦ agréablement chaude. ◦ L'air est limpide, ◦ le ciel rayonne de son plus beau bleu, ◦ de petits nuages moutonneux ◦ filent au long de la voûte céleste ◦ et le soleil jaune d'or • se reflète dans la somptuosité du feuillage des arbres • aux couleurs automnales.

Tu peux sentir le parfum • des herbes de l'automne • et tu entends • le doux chant d'adieu • d'un rouge-gorge. ••• Pendant que tu écoutes ce chant, • tu sens ton Ange Gardien s'approcher de toi. • Salue-le • et jouis • de son doux • et aimable embrassement. • C'est une sensation céleste • que de ressentir son amour, • sa proximité • et la confiance qu'il a en toi. • Tu te sens en sécurité • et protégé(e).

Aujourd'hui, • ton Ange Gardien voudrait visiter avec toi • l'Ange du Deuil. ••• Sur une montagne proche, • à ta droite, • tu vois une vieille église, • toute petite. ••• Accompagné(e) de ton Ange Gardien, • tu fais les quelques pas • qui te séparent de cette église. ••• Une vieille dame • se tient à la porte de l'église • et l'ouvre à ton intention. ••• Tu es à l'honneur aujourd'hui ! • Toi seul(e) • peux maintenant, avec ton Ange Gardien, • pénétrer dans ce lieu sacré.

Tandis que tu entres dans l'église, • tu entends les voix cristallines • d'un chœur d'anges • et le son mélodieux • d'une harpe. • Tu sens • comme la musique touche ton cœur, • te fortifie • et te donne de l'amour.

Ton Ange Gardien • te regarde aimablement. • Tu es tout à fait détendu(e), • tu te sens bien • et protégé(e). ••• Dans l'allée de droite de l'église, • tu vois, • à côté d'une merveilleuse image du ciel, • huit grands candélabres • avec huit grands cierges • colorés. ••• Avec l'aide de ton Ange Gardien, • allume ces bougies, • l'une après l'autre.

Allume d'abord • le cierge rouge. • Il rayonne • d'une lumière rouge • revigorante. • Cette lumière • te donne de la force, • du courage • et te relie à la terre. • L'air autour de toi • irradie maintenant • cette lumière rouge. • Inspire profondément • cette énergie rouge • curative et, • à l'expiration, • laisse-la s'écouler • à travers ton chakra racine.

À présent, • allume le cierge orange. • Il rayonne • d'une lumière orange • éclatante. • Cette lumière • te donne de la gaieté • et amène • un sourire sur ton visage. • L'air autour de toi • irradie à présent • cette lumière orange. • Inspire profondément • cette énergie orange • curative et, • à l'expiration, • laisse-la s'écouler • à travers ton chakra sacré.

Allume maintenant • le cierge jaune d'or. • Il rayonne • d'une lumière jaune d'or • qui donne confiance. • Cette lumière • te donne l'entrain, • la joie de vivre • et la confiance en toi. • L'air autour de toi • irradie maintenant • cette lumière jaune d'or. • Inspire profondément • cette énergie jaune d'or curative et, • à l'expiration, • laisse-la s'écouler • à travers le chakra de ton plexus solaire.

Allume à présent • le cierge vert. • Il rayonne • d'une lumière verte • curative. • Cette lumière • t'apporte la guérison, • la croissance spirituelle • et l'équilibre intérieur. • L'air autour de toi • irradie maintenant • cette lumière verte. • Inspire profondément • cette énergie verte • curative et, • à l'expiration, • laisse-la s'écouler • à travers ton chakra du cœur.

Maintenant, • allume le cierge rose. • Il rayonne • d'une merveilleuse lumière rose. • Cette lumière • est la flamme • de l'amour. • L'air autour de toi • irradie cette lumière rose. • Inspire profondément • cette énergie rose • curative et, • à l'expiration,

• laisse-la également s'écouler • à travers ton chakra du cœur. • Sens • l'énergie fortifiante de l'amour • dans ton cœur.

À présent, • allume le cierge bleu ciel. • Il rayonne • d'une lumière d'un bleu céleste. • Cette lumière • amène sur tes lèvres • les mots qu'il faut • au bon moment. • L'air autour de toi • irradie maintenant • cette lumière bleu ciel. • Inspire profondément • cette énergie bleu ciel • curative et, • à l'expiration, • laisse-la s'écouler • à travers le chakra de ta gorge.

Allume maintenant • le cierge violet. • Il rayonne • d'une lumière violette • apaisante. • Cette lumière • t'apporte la paix intérieure, • fortifie ta foi • et éclaire ta spiritualité. • L'air autour de toi • irradie • cette lumière violette. • Inspire profondément • cette énergie violette • curative et, • à l'expiration, • laisse-la s'écouler • à travers le chakra de ton front.

Maintenant, • allume le cierge blanc. • Il rayonne • d'une lumière blanche • immaculée. • Cette lumière • t'apporte le calme souverain, • la paix universelle • et la sécurité absolue. • Grâce à la lumière blanche, • tu es relié(e) à la source divine • de toute vie. • L'air autour de toi • irradie à présent • cette lumière blanche immaculée. • Inspire profondément • cette énergie blanche • curative et, • à l'expiration, • laisse-la s'écouler • à travers ton chakra couronne.

Regarde, • toute l'église rayonne de la lumière • des cierges • que tu as allumés. ••• Ton Ange Gardien fait un geste de la main • et l'image du ciel • se transforme • en une porte lumineuse • qui te conduit au royaume • de l'Ange du Deuil.

Accompagné(e) de ton Ange Gardien, • tu passes la porte lumineuse • et tu pénètres dans un jardin paradisiaque. • Dans ce jardin, ◦ toutes les couleurs sont d'une beauté lumineuse ◦ et puissante. ◦ Tout scintille ◦ et étincelle. ◦ L'air autour de toi ◦ scintille d'or. ◦ Les plantes sont somptueusement développées ◦ et nimbées de couleurs lumineuses. ◦ L'herbe ◦ chatoie dans toutes les nuances du vert, ◦ les arbres sont très vieux ◦ et vigoureux.

Des papillons grands et petits, ◦ vêtus de couleurs chatoyantes, ◦ dansent dans l'air clair et doré. ◦◦◦ Tu te sens très bien ◦ et protégé(e). ◦◦◦ Sous un arbre vieux et merveilleux, ◦ se trouve un banc de jardin doré. ◦ Sur ce banc ◦ est assis l'Ange du Deuil, ◦ qui t'attend. ◦ Il te regarde avec amour ◦ et sagesse. ◦◦◦ Va vers lui, ◦ assieds-toi à côté de lui sur le banc ◦ et salue-le aimablement.

Il te déclare :

Si tu as perdu un être proche ◦ et que tu vis dans ta tristesse, ◦ que tu traverses la vallée des larmes versées et non versées ◦ avec les sentiments les plus divers, ◦ alors sois sûr(e) ◦ que les anges de Dieu ◦ t'accompagnent ! ◦ Ils restent près de toi ◦ jusqu'à ce que ta douleur ◦ se transforme en reconnaissance ◦ et en gratitude — ◦ reconnaissance ◦ de ce qu'était l'autre véritablement, ◦ et gratitude ◦ pour le temps que vous avez pu passer ensemble, ◦ même si ce temps a été trop court. ◦ Chaque amour ◦ est unique dans les sentiments ◦ que vous éprouvez l'un pour l'autre. ◦ Cet amour unique ◦ n'est pas diminué par la mort, ◦ mais reste en toi ◦ et dynamise ton développement spirituel. ◦ L'amour est éternel !

Rempli d'amour, ◦ l'Ange du Deuil ◦ te prend dans ses bras. ◦ Permets ◦ que son énergie aimante ◦ guérisse ton cœur ◦ et ta douleur. ◦◦◦ Si tu le désires, ◦ tu peux poser une question à l'Ange du Deuil ◦ ou lui demander conseil.

Courte pause (5 à 20 minutes pour les adultes).

Peu à peu • arrive le moment • où tu dois revenir.

L'Ange du Deuil prend congé de toi avec ces paroles :

Plante un arbre, • un rosier • ou un autre végétal • en souvenir • de l'être cher. • Cette plante • te montre le rythme de la nature. • Le printemps, • l'été, • l'automne • et l'hiver. • La croissance, • l'épanouissement, • la flétrissure • et le repos en Dieu. • L'amour est éternel ! • Il est indestructible et reste toujours • une partie de toi. • Ton cœur • conserve le souvenir • de cet amour. • Quand tu fermes les yeux, • et que tu le permets, • tu te souviens de la personne aimée • et tu peux ressentir • son amour pour toi • dans ton cœur. • L'amour ne meurt jamais ! • L'amour • est éternel !

Avec un embrassement chaleureux, • tu prends maintenant congé • de l'Ange du Deuil.

Accompagné(e) de ton Ange Gardien, • tu prends le chemin du retour • par la porte lumineuse • et tu pénètres de nouveau • dans l'église. • Ton Ange Gardien fait un geste de la main • et la porte de lumière • se transforme de nouveau • en image du ciel.

Tandis que tu parcours l'allée latérale • jusqu'à la porte de l'église, • les cierges de couleur • s'éteignent successivement. ••• D'abord s'éteint • le cierge blanc, ••• puis le violet, ••• le bleu ciel ••• et le cierge rose. ••• À présent • s'éteignent le cierge vert, ••• le cierge jaune d'or, ••• le cierge orange ••• et enfin • le cierge rouge.

À droite • du portail de l'église • est accroché un merveilleux tableau • angélique. • Devant cette peinture • se dressent trois grands chandeliers • avec deux cierges blancs et • au milieu • un cierge rose.

Allume maintenant, • avec l'aide de ton Ange Gardien, • ces cierges, • l'un après l'autre. ••• D'abord, • allume le cierge blanc de droite • en l'honneur de Dieu. • Cette lumière • t'apporte l'assurance • et ouvre ton cœur • à l'amour de Dieu. ••• Allume à présent • le cierge rose • pour les personnes aimées • dont tu déplores l'absence. • Cette lumière symbolise • la flamme de votre amour, • qui ne s'éteint • jamais. ••• Allume maintenant • l'autre cierge blanc • pour tous les êtres humains, • pour toutes les âmes. • Puisse cette lumière • apporter l'amour • et la paix • dans les cœurs de tous les hommes • et ainsi • au monde entier.

Regarde, • dans la lumière • des cierges allumés par toi • apparaît un ange radieux. • Il te contemple • en souriant • de ses yeux remplis d'amour. • À partir de cet instant, • il garde les flammes de l'amour • que tu viens d'allumer.

Main dans la main avec ton Ange Gardien, • tu passes maintenant le portail de l'église • et tu parcours le court trajet • qui te mène à ta prairie. ••• La vieille dame • referme la porte de l'église derrière toi • et te fait un signe d'adieu. ••• Tout à fait détendu(e), • tu es maintenant prêt(e) • à revenir • dans ton quotidien.

POSTLUDE

Maintenant, • inspire et expire profondément. ••• Tu sens • que tu t'éveilles lentement • et reviens dans le quotidien. ••• Respire encore une fois • profondément. • À présent, • tu sens de nouveau ton corps, ••• tes bras ••• et tes jambes. ••• Inspire et expire encore une fois profondément. • Remue lentement tes bras, ••• tes mains, ••• tes jambes, ••• étire-toi, • ouvre lentement les yeux • et, • joyeux/joyeuse et reposé(e), • reviens dans ton quotidien.

L'ANGE DE L'HARMONIE

Être en harmonie, c'est vivre en accord avec soi-même et avec ses sentiments. Les sentiments désagréables t'aident à reconnaître d'où vient le déséquilibre. Il peut être à l'intérieur de toi ou bien à l'extérieur.

PRÉLUDE

Étends-toi très détendu(e), • étire tes jambes • et laisse retomber tes pieds • lentement vers l'extérieur. ••• Tes bras • reposent relaxés • sur les côtés. • Ferme les yeux, • inspire • et expire calmement. • Sens • combien tu deviens • plus calme • à chaque respiration. • À chaque expiration, • tu lâches • tout ce qui t'a occupé(e) • jusqu'ici. ••• Laisse défiler tes pensées • comme de petits nuages blancs • dans un ciel ensoleillé. ••• La pression • en toi-même • devient plus légère • et s'écoule avec l'expiration. ••• À l'inspiration, • tu respires la légèreté • et la liberté, • qui te facilitent • l'accès • à la profondeur de ton être. ••• Tu te sens calme • et satisfait(e), • tu es totalement relaxé(e). ••• Maintenant, • tu peux voyager en imagination • dans le royaume • des anges.

MÉDITATION

Imagine • que tu te trouves dans une splendide prairie couverte de fleurs multicolores. • C'est une journée d'été • agréablement chaude. • L'air est limpide, • le ciel rayonne de son plus beau bleu • et de petits nuages moutonneux • courent gentiment • sur la voûte céleste.

Tu sens • la douce caresse • des rayons du soleil sur ta peau • et le tendre embrassement • du vent. ••• À travers la prairie • serpente un petit ruisseau • en direction de la forêt. • Tu entends • le clapotement de l'eau cristalline • et le bourdonnement satisfait • des bourdons, • qui volent de fleur en fleur.

Tu es tout à fait détendu(e), • tu te sens bien • et protégé(e). ••• Tandis que tu écoutes les clapotis de l'eau, • tu sens • ton Ange Gardien s'approcher de toi. • C'est une sensation bienfaisante • que de ressentir son amour, • sa proximité • et la confiance qu'il a en toi. • Salue-le • et jouis • de son embrassement plein d'amour.

Aujourd'hui, ton Ange Gardien voudrait • te présenter l'Ange de l'Harmonie. ••• Avec ton Ange Gardien, • tu fais les quelques pas • qui te séparent de la forêt. ••• Tu peux reconnaître de nombreux feuillus. • Il y a là des érables, • des bouleaux, • des chênes, • des marronniers • et des hêtres pourpres.

Parvenu(e) devant la forêt, • tu vois un chemin creux inondé de lumière. • En souriant, • ton Ange Gardien te prend par la main • et emprunte le chemin • avec toi. ••• La lumière du soleil • se brise dans les feuilles, • les rameaux • et les branches des arbres. • Ce jeu de lumières • est merveilleux • à contempler.

Après une très courte • et cordiale promenade, • la forêt s'ouvre • et laisse apparaître une clairière, • dans laquelle se trouve • un ancien cercle de menhirs. • La lumière, • les vieux mégalithes • et les arbres • donnent au lieu • un air mystérieux.

Le cercle de menhirs • est composé de sept • très hauts mégalithes, • dont les sommets • sont ornés • de milliers de pierres précieuses • de toutes les couleurs de l'arc-en-ciel.

Ton Ange Gardien fait un geste de la main • et successivement • les vieux mégalithes • rayonnent • de la lumière bigarrée des pierres précieuses.

Le sommet du premier mégalithe • est décoré de milliers • de pierres précieuses rouges • appelées jaspes. • Le jaspe • est la pierre du courage, • de la force • et de l'énergie. • Ces pierres précieuses irradient toutes à présent • une lumière rouge vigoureuse. • Cette lumière • te donne de la force, • du courage • et te relie à la terre. • Inspire profondément • cette énergie rouge curative et, • à l'expiration, • laisse-la s'écouler • à travers ton chakra racine.

Le sommet du deuxième mégalithe • est orné de milliers • de pierres précieuses orange ; • ce sont des cornalines orange. • La cornaline orange • est la pierre de la vigueur, • de la résistance • et de la bonne humeur. • Ces pierres précieuses irradient maintenant • une vive lumière orange. • Cette lumière • t'apporte la gaieté • et amène un sourire • sur ton visage. • Inspire profondément • cette énergie orange curative et, • à l'expiration, • laisse-la s'écouler • à travers ton chakra sacré.

Le troisième sommet de mégalithe • est décoré de milliers • de pierres précieuses jaune d'or, • qu'on appelle ambre. • L'ambre est la pierre de la joie • et de la confiance. • Il fortifie la foi • que tu as en toi-même. • Ces pierres précieuses irradient à présent • une lumière jaune d'or • qui apporte la confiance. • Cette lumière • te donne la joie de vivre, • la gaieté • et la confiance en toi. • Inspire profondément • cette énergie jaune d'or • curative et, • à l'expiration, • laisse-la s'écouler • à travers le chakra de ton plexus solaire.

Le sommet de mégalithe suivant est orné • de milliers • de pierres précieuses vertes ; • cette pierre précieuse est appelée péridot. • Le péridot dissout la colère, • la rage • et les sentiments de culpabilité, • qui se fixent dans nos cœurs. • Ces pierres précieuses irradient maintenant • une lumière verte curative. • Cette lumière • t'apporte la guérison, • la croissance spirituelle • et l'équilibre intérieur. • Inspire profondément • cette énergie verte curative et, • à l'expiration, • laisse-la s'écouler • à travers ton chakra du cœur.

Le sommet du cinquième mégalithe est décoré • de milliers • de pierres précieuses bleu ciel ; • cette pierre précieuse est de la calcédoine bleue. • La calcédoine bleue • fortifie l'art oratoire. • Elle t'aide à écouter, • à comprendre • et à communiquer. • Ces pierres précieuses irradient à présent • une lumière bleue céleste. • Cette lumière • amène sur tes lèvres • les mots qu'il faut • au bon moment. • Inspire profondément • cette énergie bleu ciel • curative et, • à l'expiration, • laisse-la s'écouler • à travers le chakra de ta gorge.

Le sommet de mégalithe suivant est orné • de milliers • de pierres précieuses violet clair et foncé, • encore appelées améthystes. • L'améthyste violet foncé • t'apporte la paix intérieure • en t'aidant • à surmonter • deuil • et perte. • L'améthyste violet clair • fortifie • et clarifie • ton intuition. • Ces pierres précieuses irradient maintenant • une lumière violet clair et violet foncé • apaisante. • Cette lumière • t'apporte la paix intérieure • et éclaire ta spiritualité. • Inspire profondément • cette énergie violette • curative et, • à l'expiration, • laisse-la s'écouler • à travers le chakra de ton front.

Le septième sommet mégalithique est décoré ◦ de milliers ◦ de pierres précieuses blanches – ◦ l'agate blanche – ◦ que l'on appelle aussi l'agate de la paix. ◦ L'agate blanche ◦ favorise la tolérance ◦ et l'indulgence. ◦ Ces pierres précieuses irradient à présent ◦ une lumière blanche apaisante. ◦ Cette lumière ◦ t'apporte la paix universelle, ◦ un calme souverain ◦ et la sécurité absolue. ◦ Grâce à la lumière blanche, ◦ tu es relié(e) à la source divine ◦ de toute vie. ◦ Inspire profondément ◦ cette énergie blanche ◦ curative et, ◦ à l'expiration, ◦ laisse-la s'écouler ◦ à travers ton chakra couronne.

Regarde, ◦ l'air autour de toi ◦ resplendit des couleurs ◦ des pierres précieuses lumineuses.

Ton Ange Gardien ◦ fredonne une mélodie. ◦ L'air autour de toi ◦ commence à scintiller et, ◦ au milieu du cercle de menhirs, ◦ l'Ange de l'Harmonie ◦ devient visible pour toi. ◦ Il te regarde avec amour ◦ et sagesse. ◦ Va vers lui ◦ et salue-le aimablement.

L'Ange de l'Harmonie te déclare :

Être en harmonie, ◦ c'est vivre en accord ◦ avec soi-même. ◦ Trouve un équilibre ◦ entre travail ◦ et plaisir, ◦ entre le donner ◦ et le recevoir, ◦ entre tes sentiments intimes ◦ et tes sentiments vécus, ◦ entre tes rêves ◦ et tes actes, ◦ entre le repos ◦ et la spiritualité. ◦ Tiens compte de l'opinion de l'autre ◦ et ne la juge pas aussitôt, ◦ car lui aussi a droit à ses propres sentiments. ◦ Essaie simplement ◦ de faire de ton mieux ◦ et d'accueillir ◦ avec un cœur ouvert.

Assieds-toi ◦ avec les deux anges ◦ dans l'herbe molle ◦ et agréablement chaude, ◦ au milieu du cercle de menhirs. ◦ Jouis ◦ de leur compagnie. ◦◦◦ Si tu le souhaites, ◦ tu peux poser une question ◦ à l'Ange de l'Harmonie ◦ ou lui demander conseil.

Courte pause (5 à 20 minutes pour les adultes)

Peu à peu • vient le moment • où tu dois revenir.

L'Ange de l'Harmonie a encore un cadeau pour toi. • Il te remet • un magnifique péridot • et prend congé de toi avec ces paroles :

Ne gaspille pas tes sentiments ! • Les sentiments désagréables • t'aident • à reconnaître • d'où vient • le déséquilibre. • Il peut être à l'intérieur de toi • ou bien à l'extérieur. • Aime-toi • et accepte-toi • comme tu es. • Vis en accord • avec toi-même • et avec la nature. • Dieu • et les anges • t'aimeront toujours.

Remercie • l'Ange de l'Harmonie • et prends congé de lui • pour aujourd'hui.

Il te sourit, • l'air • se met à scintiller • et l'Ange de l'Harmonie • redevient invisible à tes yeux. ••• Ton Ange Gardien fait un geste de la main • et successivement • s'éteignent les lumières colorées • des pierres précieuses.

D'abord • s'éteint la lumière blanche, ••• puis s'éteignent la lumière violette, ••• la lumière bleu ciel, ••• la lumière verte, ••• la lumière jaune d'or, ••• puis la lumière orange ••• et enfin • la lumière rouge. ••• Maintenant, • on ne voit plus rien • des lumières multicolores.

Accompagné(e) de ton Ange Gardien, • tu prends le chemin du retour, • celui que tu as emprunté pour venir. ••• Tu passes • par le chemin creux inondé de lumière, • dans la forêt, • et tu parviens dans la prairie des fleurs.

Arrivé(e) là, • rayonnant(e) de joie, • tu embrasses ton Ange Gardien, • et tu es prêt(e) • à présent • à retrouver ton quotidien.

POSTLUDE

Maintenant, • inspire et expire profondément. ••• Tu sens • que tu t'éveilles lentement • et reviens dans le quotidien. ••• Respire encore une fois • profondément. • À présent, • tu sens de nouveau ton corps, ••• tes bras ••• et tes jambes. ••• Inspire et expire encore une fois profondément. • Remue lentement tes bras, ••• tes mains, ••• tes jambes, ••• étire-toi, • ouvre lentement les yeux • et, • joyeux/joyeuse et reposé(e), • reviens dans ton quotidien.

L'ANGE DE L'HUMILITÉ

L'humilité implique d'accepter certaines choses et de reconnaître comme indispensables les expériences que tu fais au cours de ta vie. Autorise-toi à être tel/telle que tu es – une personne qui, à travers toutes ses expériences, est devenue ce qu'elle est ; une personne qui, telle qu'elle est, est précieuse et digne d'être aimée !

PRÉLUDE

Étends-toi très détendu(e), • étire tes jambes • et laisse retomber tes pieds • lentement vers l'extérieur. ••• Tes bras • reposent relaxés • sur les côtés. • Ferme les yeux, • inspire • et expire calmement. • Sens • combien tu deviens • plus calme • à chaque respiration. • À chaque expiration, • tu lâches • tout ce qui t'a occupé(e) • jusqu'ici. ••• Laisse défiler tes pensées • comme de petits nuages blancs • dans un ciel ensoleillé. ••• La pression • en toi-même • devient plus légère • et s'écoule avec l'expiration. ••• À l'inspiration, • tu respires la légèreté • et la liberté, • qui te facilitent • l'accès • à la profondeur de ton être. ••• Tu te sens calme • et satisfait(e), • tu es totalement relaxé(e). ••• Maintenant, • tu peux voyager en imagination • dans le royaume • des anges.

MÉDITATION

Imagine • que tu te trouves sur une plage merveilleuse. ••• C'est une journée d'été • agréablement chaude. • De petits nuages • déambulent tranquillement • dans un ciel clair et bleu. • La mer • scintille et étincelle • sous un soleil jaune d'or radieux. • On a l'impression • que des millions de diamants étincelants • dansent sur la mer.

Assieds-toi dans le sable doux ◦ et chaud ◦ et jouis ◦ du jeu chatoyant de la mer. ◦◦◦ Le vent ◦ caresse aimablement ta chevelure ◦ et les rayons du soleil ◦ chatouillent doucement ◦ le bout de ton nez. ◦ Tu es tout à fait détendu(e), ◦ tu te sens bien ◦ et protégé(e).

Tandis que tu considères la mer, ◦ tu sens ◦ ton Ange Gardien s'approcher de toi. ◦ C'est une sensation merveilleuse ◦ que de ressentir ◦ sa proximité ◦ et son amour. ◦ Salue-le ◦ et jouis ◦ de son embrassement plein d'amour.

Aujourd'hui, ◦ ton Ange Gardien voudrait visiter avec toi ◦ l'Ange de l'Humilité. ◦◦◦ Tu te réjouis beaucoup ◦ et tu sens ◦ que quelque chose de très particulier t'attend. ◦ À ta droite, ◦ tu vois deux grands palmiers sur la plage, ◦ dont les feuilles ◦ se balancent doucement dans le vent. ◦ Ton Ange Gardien te prend par la main ◦ et, ensemble, ◦ vous longez la plage ◦ en direction des palmiers. ◦◦◦ Au bout de quelques pas, ◦ tu vois, ◦ espacés à intervalles réguliers, ◦ sept gros coquillages multicolores sur le sable.

Ton Ange Gardien fredonne une mélodie. ◦ Grâce à cette énergie, ◦ les coquillages ◦ s'ouvrent successivement ◦ et rayonnent ◦ d'une merveilleuse lumière.

D'abord ◦ s'ouvre le coquillage rouge. ◦ Il en émane ◦ une vigoureuse lumière rouge. ◦ Inspire profondément ◦ cette énergie rouge ◦ qui fortifie ◦ et enracine et, ◦ à l'expiration, ◦ laisse-la s'écouler ◦ à travers ton chakra racine.

Maintenant ◦ s'ouvre le coquillage orange. ◦ Une lumière orange radieuse ◦ en émane. ◦ Inspire profondément ◦ cette énergie orange joyeuse ◦ et passionnée et, ◦ à l'expiration, ◦ laisse-la s'écouler ◦ à travers ton chakra sacré.

Le coquillage jaune d'or • s'ouvre à présent. • Il en émane • une lumière jaune d'or • qui apporte la confiance. • Inspire profondément • cette énergie jaune d'or • qui acquiesce à la vie et, • à l'expiration, • laisse-la s'écouler • à travers le chakra de ton plexus solaire.

À présent • s'ouvre le coquillage vert. • Il en émane • une lumière verte • curative. • Inspire profondément • cette énergie verte • qui apporte • et harmonie et amour, • à l'expiration, • laisse-la s'écouler • à travers le chakra de ton cœur.

Le coquillage bleu ciel • s'ouvre. • Il en émane • une lumière d'un bleu céleste. • Inspire profondément • cette énergie bleu ciel • curative • et communicative et, • à l'expiration, • laisse-la s'écouler • à travers ton chakra de la gorge.

Maintenant • s'ouvre le coquillage violet. • Il en émane • une lumière violette apaisante. • Inspire profondément • cette énergie violette • qui apporte la paix et, • à l'expiration, • laisse-la s'écouler • à travers ton chakra du front.

C'est à présent • le coquillage blanc qui s'ouvre. • Il en émane • une lumière blanche • immaculée. • Inspire profondément • cette énergie blanche • apaisante • qui apporte le calme. • À l'expiration, • laisse-la s'écouler • à travers ton chakra couronne.

Ton Ange Gardien • fait un geste de la main et, • entre les palmiers, • une porte de lumière • devient visible pour toi. • Elle te conduit • au royaume • de l'Ange de l'Humilité.

Avec ton Ange Gardien, • tu franchis la porte de lumière • et tu arrives sur une merveilleuse plage étincelante • dans une lagune céleste.

Tout scintille, • étincelle • et rayonne • dans des couleurs lumineuses • d'une intensité • telle • que tu n'en as encore jamais vue. • La mer scintille dans des tons de bleu, • de turquoise • et de vert. • L'eau est si claire • que tu peux en voir le fond • jusqu'à une grande profondeur.

Ton Ange Gardien • pose sa main • avec amour • sur ton épaule. • À côté de lui se tient, • nimbé de la lumière de l'amour, • l'Ange de l'Humilité. ••• Va vers lui • et salue-le aimablement.

Il te déclare :

Être humble, • ce n'est pas se faire petit, se dérober à ses tâches • et à ses responsabilités ; • être humble, c'est reconnaître • et accepter • ce qu'on ne peut changer, • afin d'apprendre de ces situations.

Assieds-toi • avec les anges • dans le sable doux • et agréablement chaud, • et jouis de leur compagnie. ••• À présent, • tu peux poser une question • à l'Ange de l'Humilité • ou lui demander conseil.

Courte pause (5 à 20 minutes pour les adultes)

Peu à peu • arrive le moment • où tu dois revenir.

L'Ange de l'Humilité • prend congé de toi avec ces paroles :

Autorise-toi • à être • tel/telle que tu es : • une personne • qui a connu des hauts et des bas • et qui continue d'avancer, qui a des faiblesses • et des défauts • et qui, à travers toutes ses expériences, • s'épanouit en un être aimable • et précieux !

Tu remercies l'Ange de l'Humilité • et tu prends congé de lui • avec une accolade pleine d'amour.

Rayonnant(e) de bonheur, • tu regardes ton Ange Gardien. • En souriant, • il te prend par la main • et te conduit sur le chemin du retour, • celui que tu as pris pour venir. ••• Tu repasses la porte de lumière • en direction de ta plage. ••• Ton Ange Gardien • fait un geste de la main • et la porte lumineuse • redevient invisible.

Tandis que tu longes la plage, • ton Ange Gardien fredonne une mélodie • et successivement • se referment • les coquillages colorés. ••• D'abord se ferme le coquillage blanc, ••• puis se ferme le coquillage violet, ••• puis le coquillage bleu ciel ••• et le coquillage vert. ••• À présent se referment le coquillage jaune d'or, ••• le coquillage orange ••• et enfin • le coquillage rouge.

Joyeux/joyeuse et reposé(e), • tu es maintenant prêt(e) • à revenir • dans ton quotidien.

POSTLUDE

Maintenant, • inspire et expire profondément. ••• Tu sens • que tu t'éveilles lentement • et reviens dans le quotidien. ••• Respire encore une fois • profondément. • À présent, • tu sens de nouveau ton corps, ••• tes bras ••• et tes jambes. ••• Inspire et expire encore une fois profondément. • Remue lentement tes bras, ••• tes mains, ••• tes jambes, ••• étire-toi, • ouvre lentement les yeux • et, • joyeux/joyeuse et reposé(e), • reviens dans ton quotidien.

L'ANGE DU NOUVEAU DÉPART

Tout changement, tout nouveau départ exige un adieu. Un adieu à tes habitudes, à tes modèles de vie, aux offenses subies, à ton environnement familier et aux personnes qui t'étaient proches. C'est seulement si tu réussis ton adieu que tu peux t'abandonner de tout ton cœur à ce qui est nouveau et accepter les nombreuses et merveilleuses possibilités que t'offre la vie. Alors peuvent se produire de nouvelles rencontres, se nouer de nouvelles amitiés et se renouveler des anciennes amitiés. Souhaite la bienvenue à ce qui est nouveau dans ta vie.

PRÉLUDE

Étends-toi très détendu(e), • étire tes jambes • et laisse retomber tes pieds • lentement vers l'extérieur. ••• Tes bras • reposent relaxés • sur les côtés. • Ferme les yeux, • inspire • et expire calmement. • Sens • combien tu deviens • plus calme • à chaque respiration. • À chaque expiration, • tu lâches • tout ce qui t'a occupé(e) • jusqu'ici. ••• Laisse défiler tes pensées • comme de petits nuages blancs • dans un ciel ensoleillé. ••• La pression • en toi-même • devient plus légère • et s'écoule avec l'expiration. ••• À l'inspiration, • tu respires la légèreté • et la liberté, • qui te facilitent • l'accès • à la profondeur de ton être. ••• Tu te sens calme • et satisfait(e), • tu es totalement relaxé(e). ••• Maintenant, • tu peux voyager en imagination • dans le royaume • des anges.

MÉDITATION

Imagine • que tu te trouves sur une plage merveilleuse. • C'est une journée d'été • agréablement chaude. • De petits nuages •

migrent tranquillement • dans un ciel clair et bleu. • La mer • scintille sous le soleil radieux.

Assieds-toi • dans le sable doux • agréablement chaud • et jouis • du chatoiement de la mer. • Ressens • le tendre embrassement du vent • et la douce caresse • des rayons du soleil • sur ta peau. ••• Tu sens • l'énergie aimante • et nourrissante • de notre Mère la Terre. • Relie-toi à elle • dans la légèreté.

Ressens • l'aimable caresse • des rayons du soleil. • Ouvre tes paumes de mains • à ces rayons célestes du soleil • et expérimente • comment notre Père céleste • te prend par la main • grâce à ces rayons. ••• Jouis • de cette connexion puissante • et pleine d'amour • entre le Ciel • et la Terre, • entre le Père • et la Mère. ••• C'est une sensation bienfaisante • et fortifiante.

Tu sens • ton Ange Gardien s'approcher de toi, • et tu te rends compte • que votre lien • devient de plus en plus fort • et de plus en plus confiant. • C'est une sensation magnifique • que de ressentir • son amour inconditionnel • et la confiance qu'il a en toi. • Salue-le • et jouis • de son embrassement plein d'amour.

Aujourd'hui, • ton Ange Gardien voudrait visiter avec toi • l'Ange du Nouveau départ. ••• Tu te réjouis beaucoup • et tu sais • que t'attend • une aventure céleste.

Ton Ange Gardien fait un geste de la main • et l'air • au-dessus de la mer • commence à étinceler • comme si celle-ci était constituée • de millions de diamants minuscules. • C'est comme si • un rideau chatoyant • très fin • se tirait sur le côté. • Derrière • ce rideau scintillant • apparaît une île somptueuse • et lumineuse. • C'est l'île • de l'Ange du Nouveau départ.

Venant de l'île, • un aimable chœur d'anges retentit, • ton Ange Gardien se met à chanter avec lui • et l'air entre ta plage • et l'île commence à s'iriser de teintes multicolores.

À présent, • ton Ange Gardien • fait un nouveau geste de la main • et la lumière colorée • devient un pont de lumière en arc-en-ciel, • qui te conduit • en toute sécurité • sur l'île • de l'Ange du Nouveau départ. ••• Accompagné(e) de ton Ange Gardien, • tu franchis maintenant • le pont de lumière en arc-en-ciel.

Tu traverses d'abord • la lumière rouge. • Cette lumière • te donne de la force, • du courage • et te relie à la terre. • Inspire profondément • cette énergie rouge • curative et, • à l'expiration, • laisse-la s'écouler • à travers ton chakra racine.

Maintenant, • tu traverses la lumière orange. • Cette lumière • te donne de la gaieté • et amène un sourire sur ton visage. • Inspire profondément • cette énergie orange • curative et, • à l'expiration, • laisse-la s'écouler • à travers ton chakra sacré.

À présent, • tu traverses la lumière jaune d'or. • Cette lumière • te donne l'entrain, • la joie de vivre • et la confiance en toi. • Inspire profondément • cette énergie jaune d'or • curative et, • à l'expiration, • laisse-la s'écouler • à travers le chakra de ton plexus solaire.

Traverse maintenant • la lumière verte. • Cette lumière • t'apporte la guérison, • la croissance spirituelle • et l'équilibre intérieur. • Inspire profondément • cette énergie verte • curative et, • à l'expiration, • laisse-la s'écouler • à travers ton chakra du cœur.

Maintenant, • tu traverses la lumière bleu ciel. • Cette lumière • met sur tes lèvres • les paroles qu'il faut • au bon moment. •

Inspire profondément • cette énergie bleu ciel • curative et, • à l'expiration, • laisse-la s'écouler • à travers le chakra de ta gorge.

Traverse à présent • la lumière violette. • Cette lumière • t'apporte la paix intérieure, • elle fortifie ta foi • et éclaire ta spiritualité. • Inspire profondément • cette énergie violette • curative et, • à l'expiration, • laisse-la s'écouler • à travers ton chakra du front.

Tu traverses maintenant • la lumière blanche • immaculée. • Cette lumière • t'apporte le calme souverain, • la sécurité absolue • et la paix universelle. • Grâce à la lumière blanche, • tu es relié(e) à la source divine • de toute vie. • Inspire profondément • cette énergie blanche • curative et, • à l'expiration, • laisse-la s'écouler • à travers ton chakra couronne.

Joyeusement, • tu abordes maintenant • sur l'île • de l'Ange du Nouveau départ. • Où que tes yeux se portent, • tout scintille • et étincelle. • Dans le ciel bleu, • des millions de cœurs en or, • minuscules, • étincellent ; • ils font chatoyer l'air autour de toi. • Toutes les plantes, • tous les arbres, • ont somptueusement poussé • et irradient une symphonie de couleurs • telles que tu n'en as encore jamais vues.

Un parfum floral enchanteur • se répand sur l'île tout entière. ••• Tous les êtres vivants • de cette île • sont pacifiques, • heureux • et remplis d'amour les uns pour les autres. • Les animaux les plus divers • se livrent entre eux • à leurs jeux préférés • avec douceur et tendresse.

À ta droite, • tu vois une splendide cascade. • Son eau est pure • et claire comme du cristal. • Tu sens • que cette eau peut guérir. ••• Tandis que tu considères la cascade, • tu entends • des pas légers • s'approcher de toi. • Tu jettes un regard circulaire • et tu vois un ange resplendissant • venir vers toi. • C'est un ange du Nouveau départ. • Il te regarde avec amour • et sagesse. • Va vers lui • et salue-le aimablement.

Il te déclare :

Tout nouveau départ, • tout changement • exige un adieu. • Un adieu • aux habitudes, • aux modèles de vie, • aux offenses subies, • aux environnements familiers • et aux personnes • qui t'étaient proches. • C'est seulement alors, • si ton adieu réussit, • que tu pourras t'abandonner • de tout ton cœur • à ce qui est nouveau • et accepter les nombreuses • et merveilleuses possibilités • que t'offre la vie. • Pourront alors se produire • de nouvelles rencontres, • se nouer de nouvelles amitiés • et d'anciennes se réveiller. • Souhaite la bienvenue • à ce qui est nouveau dans ta vie !

L'Ange du Nouveau départ • te conduit à un grand bassin de lumière, • dans lequel s'écoule doucement • l'eau curative • de la cascade. ••• Entre avec confiance • dans cette eau, • elle n'est pas profonde.

Laisse l'eau te laver • de tout ce qui est difficile, • laisse-la te soulager de toutes les vieilles offenses • et agir de façon thérapeutique sur ton esprit, • sur ton corps, • sur ton humeur • et sur ton âme, • de manière qu'il te soit de plus en plus facile • avec le temps • de lâcher tout ce qui est vieux et usé • et de souhaiter la bienvenue • aux merveilleuses nouveautés • de ta vie.

Si tu le souhaites, • tu peux poser une question à l'Ange du Nouveau départ • ou lui demander conseil.

Courte pause (5 à 20 minutes pour les adultes)

Peu à peu • vient le moment • où tu dois revenir.

L'Ange du Nouveau départ • a encore un cadeau pour toi. ••• Il te remet une petite clé en or • et prend congé de toi • avec ces mots :

Cette clé • ferme les vieilles portes • et t'ouvre les portes du nouveau départ. • Parfois, • tu jettes encore un dernier coup d'œil • sur ce qui se trouve • derrière la vieille porte, • et des larmes d'adieu • te viennent • pour te faciliter la fermeture de la vieille porte. • Autorise-toi à t'ouvrir aux possibilités • du nouveau départ. • C'est un pas de plus • sur le chemin de ta vie unique. • La clé • est entre tes mains !

Remercie l'Ange du Nouveau départ • et prends congé de lui • pour aujourd'hui.

Accompagné(e) de ton Ange Gardien, • tu prends le chemin du retour, • celui que tu as emprunté pour venir, • qui passe par le pont de lumière en arc-en-ciel • et te conduit à ta plage. ••• Tu traverses d'abord • la lumière blanche, ••• puis la lumière violette, ••• la lumière bleu ciel, ••• la lumière verte, ••• la lumière jaune d'or, ••• la lumière orange ••• et enfin • la lumière rouge. ••• Maintenant, • tu es de nouveau • sur ta plage.

Ton Ange Gardien fait un geste de la main • et le pont de lumière en arc-en-ciel • se retransforme • en lumière colorée. ••• Le chœur d'anges de l'île retentit, • ton Ange Gardien y mêle sa voix, • le fin rideau se ferme • et l'île • redevient invisible à tes yeux. ••• Ton Ange Gardien • fait un autre geste de la main • et le scintillement • de l'air marin • s'éteint.

Plein(e) d'amour et de reconnaissance, • tu regardes ton Ange Gardien. ••• Tu es maintenant prêt(e) • à revenir • dans ton quotidien.

POSTLUDE

Maintenant, ◦ inspire et expire profondément. ◦◦◦ Tu sens ◦ que tu t'éveilles lentement ◦ et reviens dans le quotidien. ◦◦◦ Respire encore une fois ◦ profondément. ◦ À présent, ◦ tu sens de nouveau ton corps, ◦◦◦ tes bras ◦◦◦ et tes jambes. ◦◦◦ Inspire et expire encore une fois profondément. ◦ Remue lentement tes bras, ◦◦◦ tes mains, ◦◦◦ tes jambes, ◦◦◦ étire-toi, ◦ ouvre lentement les yeux ◦ et, ◦ joyeux/joyeuse et reposé(e), ◦ reviens dans ton quotidien.

L'ANGE DU PARDON

Pardonner, c'est ne plus vouloir souffrir de ce qu'une autre personne t'a infligé. Tu as été blessé(e) parce qu'une autre personne était prisonnière de sa peur. Quelqu'un t'a fait du mal parce qu'il ne pouvait croire qu'à sa propre grandeur. Le pardon guérit en fin de compte toutes tes blessures.

PRÉLUDE

Étends-toi très détendu(e), • étire tes jambes • et laisse retomber tes pieds • lentement vers l'extérieur. ••• Tes bras • reposent relaxés • sur les côtés. • Ferme les yeux, • inspire • et expire calmement. • Sens • combien tu deviens • plus calme • à chaque respiration. • À chaque expiration, • tu lâches • tout ce qui t'a occupé(e) • jusqu'ici. ••• Laisse défiler tes pensées • comme de petits nuages blancs • dans un ciel ensoleillé. ••• La pression • en toi-même • devient plus légère • et s'écoule avec l'expiration. ••• À l'inspiration, • tu respires la légèreté • et la liberté, • qui te facilitent • l'accès • à la profondeur de ton être. ••• Tu te sens calme • et satisfait(e), • tu es totalement relaxé(e). ••• Maintenant, • tu peux voyager en imagination • dans le royaume • des anges.

MÉDITATION

Imagine • que tu te trouves sur un merveilleux alpage. • C'est une journée d'automne • agréablement chaude. • Le ciel est clair, • de petits nuages moutonneux • migrent dans le ciel bleu, • et le soleil se reflète • dans le somptueux feuillage • des arbres • aux teintes automnales. ••• Tu peux • sentir le parfum des herbes d'automne.

Dans le voisinage • teintent les cloches • d'une très vieille • et très petite église. ••• Tandis que tu écoutes les cloches, • tu sens ton Ange Gardien • s'approcher de toi. • Il te regarde, plein d'amour • et de confiance. • C'est une sensation céleste • que de ressentir son amour, • sa proximité • et la confiance qu'il a en toi. • Salue-le • et jouis • de son embrassement plein d'amour.

Aujourd'hui, • ton Ange Gardien voudrait visiter avec toi • l'Ange du Pardon. ••• Tu sais • qu'une aventure tout à fait particulière • t'attend. ••• Accompagné(e) de ton Ange Gardien, • tu fais les quelques pas • qui te séparent • de la petite église. ••• Une vieille dame • aux cheveux gris • se tient près de la porte de l'église • et l'ouvre pour toi. ••• Aujourd'hui est ton jour de chance ! ••• Toi seul(e), • accompagné(e) de ton Ange Gardien, • as le droit de pénétrer dans ce lieu saint.

Tandis que tu entres dans cette église, • tu entends un merveilleux chœur d'anges. • Tu ressens au cœur • une agréable chaleur. • Tu te sens aimé(e) • et protégé(e). ••• Dans l'allée centrale de l'église, • se dressent sept grands chandeliers • coiffés de sept • grands cierges de couleur. ••• Avec l'aide de ton Ange Gardien, • allume successivement • ces sept cierges. ••• Allume d'abord • le cierge rouge. • Il irradie une vigoureuse • lumière rouge. • L'air autour de toi • dégage à présent • une puissante énergie rouge. • Cette lumière te donne de la force, • du courage • et te relie à la terre. • Inspire profondément • cette énergie rouge • curative et, • à l'expiration, • laisse-la s'écouler • à travers ton chakra racine.

Va maintenant vers le cierge suivant et allume-le. • Il irradie • une lumière orange éclatante. • L'air autour de toi • dégage maintenant • une énergie orange • réjouissante. • Cette lumière • te donne de la gaieté • et amène un sourire • sur ton visage. • Inspire profondément • cette énergie orange • curative et, • à l'expiration, • laisse-la s'écouler • à travers ton chakra sacré.

Allume à présent • le cierge jaune d'or. • Il irradie • une douce lumière • jaune d'or. • L'air autour de toi • dégage à présent • une énergie jaune d'or • qui apporte la confiance. • Cette lumière • te donne l'entrain, • la joie de vivre • et la confiance en toi. • Inspire profondément • cette énergie jaune d'or • curative et, • à l'expiration, • laisse-la s'écouler • à travers le chakra de ton plexus solaire.

Va maintenant • vers le cierge vert • et allume-le. • Il irradie • une lumière verte • curative. • L'air autour de toi • dégage maintenant • une énergie verte • qui harmonise. • Cette lumière t'apporte la guérison, • la croissance spirituelle • et l'équilibre intérieur. • Inspire profondément • cette énergie verte • curative et, • à l'expiration, • laisse-la s'écouler • à travers ton chakra du cœur.

Allume maintenant • le cierge bleu ciel. • Il irradie • une lumière d'un bleu céleste. • L'air autour de toi • dégage à présent une énergie bleu ciel • communicative. • Cette lumière • amène sur tes lèvres • les mots qu'il faut • au bon moment. • Inspire profondément • cette énergie bleu ciel • curative et, • à l'expiration, • laisse-la s'écouler • à travers le chakra de ta gorge.

Allume à présent • le cierge bleu roi. • Il irradie • une lumière bleu roi • protectrice. • L'air autour de toi • dégage maintenant une énergie bleu roi • tranquillisante. • Cette lumière • t'apporte le calme intérieur • et fortifie ton intuition. • Inspire profondément • cette énergie bleu roi • curative et, • à l'expiration, • laisse-la s'écouler • à travers le chakra de ton front.

Va maintenant • vers le cierge violet • et allume-le. • Il irradie • une lumière violette • apaisante. • L'air autour de toi • dégage à présent • une énergie violette • pacifique. • Cette lumière • t'apporte la paix intérieure, • fortifie ta foi • et éclaire ta spiritualité. • Inspire profondément • cette énergie violette • curative et, • à l'expiration, • laisse-la également s'écouler • à travers le chakra de ton front.

Tu te tiens maintenant • devant un saint autel, • merveilleux • et ancien. • Sur cet autel • se dressent côte à côte • trois grands cierges • blancs. ••• Allume à présent • le cierge de droite. • Il irradie • une lumière blanche • immaculée. • L'air autour de toi • étincelle et scintille • maintenant • dans une pure énergie blanche. • Cette lumière • t'apporte la paix universelle, • le calme souverain • et la sécurité absolue. • Grâce à cette lumière blanche, • tu es relié(e) à la source divine • de toute vie. • Inspire profondément • cette énergie blanche • curative et, • à l'expiration, • laisse-la s'écouler • à travers ton chakra couronne.

Regarde, • toute l'église • rayonne dans la lumière • des cierges allumés par toi. ••• Derrière l'autel, • une porte de lumière étincelante • devient visible pour toi. • Elle s'ouvre • et l'Ange du Pardon • pénètre dans l'église. • Il te regarde avec des yeux pleins d'amour • et de sagesse. • Va vers lui • et salue-le aimablement.

Il te déclare :

Pardonner, • c'est ne plus vouloir souffrir • de ce qu'une autre personne t'a infligé. • Tu as été blessé(e) • parce qu'un autre • était prisonnier de sa peur. • Quelqu'un t'a fait du mal • parce qu'il ne pouvait que croire • qu'à sa propre grandeur. • Si tu éprouves de la colère à son égard, • accepte cette colère. • Elle est le sentiment • dont tu as besoin • pour te distancier • de ton bourreau. • Grâce à cette distance, • la blessure morale peut se refermer. • Quand tu t'es libéré(e) de l'offense • et de la douleur morale • ou physique, • le pardon est possible. • Le pardon te libère • de l'offense • et de la douleur • que les hommes t'ont infligées. • Pardonne-toi aussi à toi-même ! • Le pardon guérit en fin de compte • toutes tes blessures.

Derrière l'autel, • tu aperçois à droite • un divan de lumière. ••• Étends-toi avec confiance • sur ce divan. ••• Même s'il est fait de lumière, • il peut te porter • en toute sécurité. ••• L'Ange du Pardon • pose sur ton cœur • ses mains guérisseuses • et tu sens • les doux rayons de l'amour • guérir ton cœur. ••• Si tu le désires, • tu peux lui poser une question • ou lui demander conseil.

Courte pause (5 à 10 minutes pour les adultes)

Peu à peu • vient le moment • où tu dois revenir.

L'Ange du Pardon • te prend par la main • et te conduit à l'autel. • Les deux autres cierges blancs • s'y trouvent encore. • L'Ange du Pardon • allume le cierge du milieu • en l'honneur de Dieu. • Cette lumière • t'apporte l'assurance • et ouvre ton cœur • à l'amour de Dieu.

Si tu le désires, • tu peux maintenant • allumer le cierge de gauche • pour la personne • qui t'a un jour blessé(e). ••• Dis-toi à toi-même • que tu n'es plus prêt(e) • à souffrir des actes • et des paroles douloureuses • de cette personne. • Pardonne-lui • si c'est maintenant • possible pour toi.

Si tu ne peux pas encore • allumer le cierge du pardon, • c'est sans importance. • Prie l'Ange du Pardon • d'allumer ce cierge

• afin qu'il te soit plus facile, • le moment venu, d'allumer toi-même • le cierge du pardon.

Courte pause (5 à 10 minutes pour les adultes)

Les deux anges • te regardent avec amour. • Ils savent • que tu viens de faire • un grand pas • sur ton chemin de vie. ••• L'Ange du Pardon • te fait un gros baiser • sur la joue • et te prend dans ses bras • en signe d'adieu. • Chaque fois • que tu auras besoin de son aide, • pense à lui • et sa réponse • te trouvera toujours !

Le cœur léger • et heureux, • tu prends maintenant, • accompagné(e) de ton Ange Gardien, • le chemin du retour, • celui que tu as pris pour venir. ••• Tandis que tu parcours l'allée centrale • vers la porte de l'église, • les cierges colorés • s'éteignent successivement. ••• D'abord s'éteint • le cierge blanc, ••• puis s'éteignent le violet, ••• le bleu roi, ••• le bleu ciel, ••• le vert, ••• le jaune d'or, ••• l'orange ••• et enfin • le cierge rouge.

Main dans la main • avec ton Ange Gardien, • tu passes maintenant la porte de l'église • et parviens sur l'alpage. ••• La vieille dame te sourit • et referme pour aujourd'hui • la porte de l'église. ••• Soulagé(e) • et détendu(e), • tu es maintenant prêt(e) • à revenir • dans ton quotidien.

POSTLUDE

Maintenant, • inspire et expire profondément. ••• Tu sens • que tu t'éveilles lentement • et reviens dans le quotidien. ••• Respire encore une fois • profondément. • À présent, • tu sens de nouveau ton corps, ••• tes bras ••• et tes jambes. ••• Inspire et expire encore une fois profondément. • Remue lentement tes bras, ••• tes mains, ••• tes jambes, ••• étire-toi, • ouvre lentement les yeux • et, • joyeux/joyeuse et reposé(e), • reviens dans ton quotidien.

L'ANGE DE LA RÉCONCILIATION

C'est seulement quand tu es réconcilié(e) avec toi-même, quand tu t'acceptes tel que tu es, avec toutes tes faiblesses et tes points forts, c'est seulement alors que tu peux te réconcilier avec la personne qui est en lutte avec toi.

PRÉLUDE

Étends-toi très détendu(e), ◦ étire tes jambes ◦ et laisse retomber tes pieds ◦ lentement vers l'extérieur. ◦◦◦ Tes bras ◦ reposent relaxés ◦ sur les côtés. ◦ Ferme les yeux, ◦ inspire ◦ et expire calmement. ◦ Sens ◦ combien tu deviens ◦ plus calme ◦ à chaque respiration. ◦ À chaque expiration, ◦ tu lâches ◦ tout ce qui t'a occupé(e) ◦ jusqu'ici. ◦◦◦ Laisse défiler tes pensées ◦ comme de petits nuages blancs ◦ dans un ciel ensoleillé. ◦◦◦ La pression ◦ en toi-même ◦ devient plus légère ◦ et s'écoule avec l'expiration. ◦◦◦ À l'inspiration, ◦ tu respires la légèreté ◦ et la liberté, ◦ qui te facilitent ◦ l'accès ◦ à la profondeur de ton être. ◦◦◦ Tu te sens calme ◦ et satisfait(e), ◦ tu es totalement relaxé(e). ◦◦◦ Maintenant, ◦ tu peux voyager en imagination ◦ dans le royaume ◦ des anges.

MÉDITATION

Imagine ◦ que tu te trouves dans une magnifique prairie. ◦ C'est une journée de printemps ◦ agréablement chaude. ◦ L'air est transparent, ◦ le ciel rayonne de son plus beau bleu, ◦ et de petits nuages blancs ◦ se balancent joyeusement sur la voûte céleste.

Tu vois des fleurs de toutes les couleurs, ◦ des fleurs rouges, ◦ des fleurs orange, ◦ des fleurs jaune d'or, ◦ des fleurs roses avec leurs feuilles vertes succulentes, • des bleues, • des violettes • et des blanches, • qui toutes exhalent • un délicieux parfum.

Des papillons • dansent dans l'air chaud, • clair et ensoleillé. • Un bourdon • vole de fleur en fleur • et récolte le nectar sucré du printemps. • Tu es tout à fait détendu(e), • tu te sens bien • et protégé(e).

Tandis que tu considères les bourdons, • tu sens • ton Ange Gardien s'approcher de toi. • C'est une sensation bienfaisante • que de ressentir son amour, • sa proximité • et la confiance qu'il a en toi. • Salue-le • et jouis • de son embrassement plein d'amour.

Aujourd'hui, • il voudrait visiter avec toi • l'Ange de la Réconciliation. ••• Tu te réjouis beaucoup • et tu sens • que quelque chose de très particulier • va arriver.

Ensemble, • vous vous dirigez • vers un vieil arbre • majestueux. • Quand vous êtes arrivés devant l'arbre, • ton Ange Gardien fait un geste de la main et, • étrangement, • une porte de lumière s'ouvre • dans le tronc de l'arbre – • porte qui te conduit • à l'intérieur du grand et vieil arbre.

Ton Ange Gardien te sourit et te conduit • dans l'arbre • par la porte lumineuse. • Il se trouve là • un escalier en colimaçon, • fait de lumières multicolores, • qui te conduit en toute sécurité • au temple de lumière • de l'Ange de la Réconciliation.

Dans une attente joyeuse, • tu gravis, • accompagné(e) de ton Ange Gardien, • la première marche. • Cette marche lumineuse irradie • une lumière rouge • vigoureuse. • C'est la couleur de la force, • du courage • et de l'enracinement. • L'air autour de toi • scintille également de rouge. • Inspire profondément • cette énergie rouge • qui apporte la force et, • à l'expiration, • laisse-la s'écouler • à travers ton chakra racine.

Monte maintenant • sur la marche suivante. • Elle irradie • une lumière orange • d'une grande clarté. • C'est la couleur de la gaieté, • de la passion, • de la créativité • et du rire. • L'air autour de toi • scintille • d'une joyeuse énergie orange. • Inspire profondément • cette énergie orange • curative et, • à l'expiration, • laisse-la s'écouler • à travers ton chakra sacré.

Gravis à présent • la marche suivante. • Elle irradie • une lumière jaune d'or • qui apporte la confiance. • C'est la couleur de l'entrain, • de la joie de vivre • et de la confiance. • L'air autour de toi • scintille d'une énergie jaune d'or • qui acquiesce à la vie. • Inspire profondément • cette énergie jaune d'or • curative et, • à l'expiration, • laisse-la s'écouler • à travers le chakra de ton plexus solaire.

Tu montes maintenant • sur la marche verte. • Elle irradie • une lumière verte • apaisante. • C'est la couleur de la guérison, • de la croissance spirituelle • et de l'équilibre intérieur. • L'air autour de toi • étincelle • d'un vert d'une grande douceur. • Regarde de plus près ; • et tu vois que, • dans cette lumière verte, • luit aussi • une lumière rose éblouissante. • Si tu en as envie, • fixe la lumière rose ; • peut-être pourras-tu • y découvrir aussi • la lumière jaune d'or • de l'amour divin. • Ce pur amour divin • est en toi • et autour de toi. • C'est l'amour de Dieu, • qui se développe en chacun de nous. • Inspire profondément • cette énergie verte • curative • et absorbe-la • par toutes les cellules de ton corps. • Inspire encore une fois • profondément et, • à l'expiration, • laisse s'écouler • l'énergie de l'amour divin • à travers ton chakra du cœur • puis dans le monde entier.

Rempli(e) de cet amour, • tu montes à présent • la marche suivante. • Elle irradie • une lumière • d'un bleu céleste. • C'est la couleur de la communication. • Tout autour de toi • l'air scintille • de ce bleu céleste • et tu sens • que les mots • peuvent être amour, • que les paroles peuvent guérir, • que les mots • peuvent changer le monde ! Inspire profondément • cette énergie bleu ciel • curative et, • à l'expiration, • laisse-la s'écouler • à travers le chakra de ta gorge.

Gravis maintenant • la marche de couleur violette. • Elle irradie • une lumière violette • apaisante. • C'est la couleur de la foi, • de la spiritualité • et de la paix intérieure. • L'air autour de toi • scintille • d'un violet apaisant. • Inspire profondément • cette énergie violette • curative et, • à l'expiration, • laisse-la s'écouler • à travers ton chakra du front.

Tu vas à présent • sur la prochaine marche. • Elle irradie • un blanc des plus pur, • comme tu n'en as encore jamais vu. • C'est la couleur • du calme souverain, • de la sécurité absolue • et de la paix universelle. • L'air autour de toi • est d'un blanc radieux • immaculé, • clair et lumineux. Inspire profondément • cette énergie blanche • curative et, • à l'expiration, • laisse-la s'écouler • à travers ton chakra couronne.

Dans cette lumière blanche, • tu peux maintenant reconnaître • une porte de lumière • étincelant de nacre. ••• La porte s'ouvre dans le recueillement • et tu reconnais • l'Ange de la Réconciliation, • qui t'attend joyeusement. • Va vers lui • et salue-le aimablement.

Accompagné(e) des deux anges, • tu pénètres • dans le temple lumineux de la réconciliation. ••• Tu es parvenu(e) à présent • dans une grande salle • ronde • et blanche. • Partout • brûlent des cierges blancs, • sur les murs scintillent des étoiles d'or, • sur le sol • sont disposés des coussins • douillets • multicolores, • et l'air exhale une merveilleuse senteur • de cannelle • et de vanille.

Au milieu de la salle • se dresse • un grand miroir • cerclé d'or. • C'est • le miroir de la vérité.

L'Ange de la Réconciliation te déclare :

C'est seulement • quand tu es réconcilié(e) avec toi-même, • que tu t'acceptes tel/telle que tu es, • avec toutes tes faiblesses • et tous tes points forts, • que tu peux te réconcilier avec la personne • qui est en lutte avec toi. • Si quelqu'un t'a fait du tort, • montre-lui ta colère. • Ainsi, • tu lui donnes la possibilité • de réfléchir • encore une fois • à ses agissements. • Se réconcilier, • c'est se prendre soi-même au sérieux • et prendre également l'autre au sérieux • dans ses sentiments.

L'Ange de la Réconciliation • te conduit • au miroir de la vérité. • Si tu le souhaites, • regarde maintenant • dans le miroir.

Tu es à présent spectateur • et peut-être peux-tu voir dans le miroir • une scène tirée de ta vie, • avec laquelle tu ne t'es pas encore réconcilié(e), • ou encore une personne • avec laquelle tu es en lutte. • Tu observes cette scène, • et l'Ange de la Réconciliation • t'aide • à reconnaître la vérité • pour te réconcilier avec toi-même • ou avec l'autre.

Les anges t'aident • à te contempler avec des yeux pleins d'amour. ••• Si tu le désires, • tu peux poser une question à l'Ange de la Réconciliation • ou lui demander conseil.

Courte pause (5 à 20 minutes pour les adultes).

Peu à peu • vient le moment • où tu dois revenir.

L'Ange de la Réconciliation prend congé de toi avec ces paroles :

Comporte-toi avec amour • et douceur • envers toi-même • et envers tes sentiments. • Les anges t'aiment • comme tu es !

C'est avec un embrassement recueilli • que tu prends congé • pour aujourd'hui • de l'Ange de la Réconciliation.

Accompagné(e) de ton Ange Gardien, • tu prends maintenant • le chemin du retour, • celui qui passe par la porte de lumière, • laquelle se referme derrière toi. ••• En souriant, • ton Ange Gardien • fait un geste de la main, • et l'escalier en colimaçon • multicolore • se transforme • en une glissoire lumineuse en arc-en-ciel.

Main dans la main, • tu glisses avec ton Ange Gardien • à travers les lumières bigarrées. ••• D'abord • à travers la lumière blanche, ••• puis à travers la lumière violette, ••• à travers la lumière bleu ciel, ••• la verte, ••• la jaune d'or, ••• la lumière orange ••• et enfin • à travers la lumière rouge.

Rayonnant(e) de joie, • tu es arrivé(e) • en toute sécurité • sur la terre ferme. • Tu passes par la porte lumineuse de l'arbre • et arrives dans la prairie. • Ton Ange Gardien • fait un nouveau geste de la main, • la porte lumineuse de l'arbre se ferme • et devient à présent • invisible à tes yeux. ••• Joyeux/joyeuse • et détendu(e), • tu es maintenant prêt(e) • à revenir dans ton quotidien.

POSTLUDE

Maintenant, • inspire et expire profondément. ••• Tu sens • que tu t'éveilles lentement • et reviens dans le quotidien. ••• Respire encore une fois • profondément. • À présent, • tu sens de nouveau ton corps, ••• tes bras ••• et tes jambes. ••• Inspire et expire encore une fois profondément. • Remue lentement tes bras, ••• tes mains, ••• tes jambes, ••• étire-toi, • ouvre lentement les yeux • et, • joyeux/joyeuse et reposé(e), • reviens dans ton quotidien.

L'ANGE DE LA RESPONSABILITÉ

Être responsable, c'est faire attention aux conséquences de ses décisions, à ses comportements, à ses engagements et à ses dires. Nous sommes tous partie de cette Terre, et la Terre est une partie de nous. Tout ce qui est sur cette Terre, toutes les choses et tous les êtres vivants sont liés entre eux de façon inséparable.

PRÉLUDE

Étends-toi très détendu(e), • étire tes jambes • et laisse retomber tes pieds • lentement vers l'extérieur. ••• Tes bras • reposent relaxés • sur les côtés. • Ferme les yeux, • inspire • et expire calmement. • Sens • combien tu deviens • plus calme • à chaque respiration. • À chaque expiration, • tu lâches • tout ce qui t'a occupé(e) • jusqu'ici. ••• Laisse défiler tes pensées • comme de petits nuages blancs • dans un ciel ensoleillé. ••• La pression • en toi-même • devient plus légère • et s'écoule avec l'expiration. ••• À l'inspiration, • tu respires la légèreté • et la liberté, • qui te facilitent • l'accès • à la profondeur de ton être. ••• Tu te sens calme • et satisfait(e), • tu es totalement relaxé(e). ••• Maintenant, • tu peux voyager en imagination • dans le royaume • des anges.

MÉDITATION

Imagine • que tu te trouves dans une magnifique forêt • au bord septentrional du Grand Canyon, • en Arizona. • C'est une journée d'automne ensoleillée • agréablement chaude. • L'air est clair, • le ciel rayonne de son plus beau bleu • et de petits nuages blancs • sillonnent gracieusement • la voûte céleste.

Dans la forêt inondée de lumière, ◦ tu découvres des sapins communs, ◦ des épicéas bleus ◦ et des trembles. ◦ Les rayons dorés du soleil ◦ se reflètent ◦ dans la parure automnale, ◦ d'un jaune lumineux, ◦ des trembles. ◦◦◦ Tu entends le frappement des piverts ◦ et le chant des grives. ◦◦◦ Tu es tout à fait détendu(e), ◦ tu te sens bien ◦ et protégé(e).

Tandis que tu regardes le ciel, ◦ et que tu observes le vol plané ◦ d'un faucon, ◦ tu sens ◦ ton Ange Gardien s'approcher de toi. ◦ C'est une sensation bienfaisante ◦ que de ressentir son amour, ◦ sa proximité ◦ et la confiance qu'il a en toi. ◦ Salue-le ◦ et jouis ◦ de son embrassement plein d'amour ◦ et qui fortifie.

Aujourd'hui, ◦ il voudrait te présenter ◦ l'Ange de la Responsabilité. ◦◦◦ Accompagné(e) de ton Ange Gardien, ◦ tu fais les quelques pas ◦ qui te séparent du plateau du canyon. ◦◦◦ Quelle merveille ! ◦ Quelle vue magnifique !

Le Grand Canyon ◦ est la gorge la plus vaste de la terre. ◦ Il a entre 6 et 30 kilomètres de large, ◦ 1 600 mètres de profondeur ◦ et plus de 400 kilomètres de long. ◦ Pendant des millions d'années, ◦ le Colorado s'est frayé un passage ◦ à travers les diverses couches de roches ◦ et il a créé un chef-d'œuvre unique. ◦ Maintenant, ce merveilleux ouvrage de la nature ◦ rayonne ◦ de couches rouges, ◦ jaunes, ◦ grises, ◦ vertes, ◦ brunes ◦ et noires ◦ faites de schistes, ◦ de granits, ◦ de calcaires ◦ et de grès.

Les rayons dorés du soleil ◦ font irradier les couches rocheuses du Canyon ◦ d'une nouvelle teinte ◦ à chaque minute. ◦◦◦ C'est magnifique à regarder. ◦ Tu es tout à fait détendu(e), ◦ tu te sens bien ◦ et protégé(e).

Ton Ange Gardien • a apporté • sept magnifiques plumes • multicolores, • qu'il pose maintenant sur le sol, • devant toi. • Il fredonne une mélodie et, • l'une après l'autre, • les plumes irradient • des teintes lumineuses • multicolores • qui, • pareilles à un arc-en-ciel, • s'étirent au-dessus du Canyon.

D'abord • irradie une plume rouge • dont l'arc électrique rouge • s'étire au-dessus du Canyon. • L'air autour de toi • est à présent • rempli d'une énergie rouge • vigoureuse. • Cette lumière te donne de la force, • du courage • et te relie à la terre. • Inspire profondément • cette énergie rouge • curative et, • à l'expiration, • laisse-la s'écouler • à travers ton chakra racine.

Maintenant • irradie la plume orange, • dont l'arc électrique orange • se pose sur l'arc rouge. • L'air autour de toi • est à présent rempli • d'une énergie orange réjouissante. • Cette lumière t'apporte la passion, • l'entrain • et amène un sourire • sur ton visage. • Inspire profondément • cette énergie orange • curative et, • à l'expiration, • laisse-la s'écouler • à travers ton chakra sacré.

Une plume jaune d'or irradie, • dont la lumière se pose, • sous la forme d'un arc jaune d'or, • sur l'arc orange. • L'air autour de toi • est maintenant rempli • d'une lumière jaune d'or • qui apporte la confiance. • Cette lumière • te donne la joie de vivre, • l'entrain • et la confiance en toi. • Inspire profondément • cette énergie jaune d'or • curative et, • à l'expiration, • laisse-la s'écouler • à travers le chakra de ton plexus solaire.

À présent, • c'est la plume verte qui irradie, • dont la lumière verte • apaisante • se pose au-dessus de l'arc jaune d'or • sous la forme d'un arc. • L'air autour de toi • est maintenant rempli •

d'une lumière verte • qui harmonise. • Cette lumière t'apporte la guérison, • la croissance spirituelle • et l'équilibre intérieur. • Inspire profondément • cette énergie verte • curative et, • à l'expiration, • laisse-la s'écouler • à travers le chakra de ton cœur.

Une plume bleu ciel irradie, • dont la lumière, • sous la forme d'un arc bleu ciel, • vient se poser au-dessus de l'arc vert. • L'air autour de toi • est à présent rempli • d'une lumière bleu ciel • communicative. • Cette lumière • amène sur tes lèvres • les paroles qu'il faut • au bon moment. • Inspire profondément • cette énergie bleu ciel • curative et, • à l'expiration, • laisse-la s'écouler • à travers le chakra de ta gorge.

Une plume violette irradie, • et sa lumière, • sous la forme d'un arc violet, • se pose au-dessus de l'arc bleu ciel. • L'air autour de toi • est maintenant rempli • de cette lumière violette • apaisante. • Cette lumière • t'apporte la paix intérieure, • fortifie ta foi • et éclaire ta spiritualité. • Inspire profondément • cette énergie violette • curative et, • à l'expiration, • laisse-la s'écouler • à travers ton chakra du front.

Maintenant • irradie une plume • d'un blanc immaculé, • dont la lumière, • sous la forme d'un arc électrique blanc, • vient se poser au-dessus de l'arc violet. • L'air autour de toi • scintille et étincelle • à présent • de cette lumière blanche • calmante. • Cette lumière • t'apporte la paix universelle, • le calme souverain • et la sécurité absolue. • Grâce à la lumière blanche, • tu es relié(e) à la source divine • de toute vie. • Inspire profondément • cette énergie blanche • curative et, • à l'expiration, • laisse-la s'écouler • à travers ton chakra couronne.

Ton Ange Gardien fait un geste de la main et, • à côté de lui, • l'Ange de la Responsabilité devient visible pour toi. ••• Il te regarde avec amour. • Va vers lui • et salue-le aimablement.

Il te déclare :

Être responsable, • c'est assumer les conséquences de ses décisions, c'est assumer ses actes, • ses engagements • et ses déclarations. • Tu ne peux assumer • de grandes responsabilités dans la vie • que si tu perçois tes propres besoins • et si tu t'en soucies. • Donne aussi aux autres la chance • d'être responsables • d'eux-mêmes • et de leurs actes.

L'Ange de la Responsabilité • dirige ton regard • sur un épicéa bleu. • Tu le regardes • et tu vois • un très vieux chef indien • venir vers toi. • Il te regarde • avec amour • de ses yeux sages. • Va vers lui • et salue-le aimablement.

Avec les anges • et le chef indien, • tu t'assieds sur le sol • du plateau. ••• Jouis • de leur compagnie • et de la vue merveilleuse • de la nature. ••• Si tu le souhaites, • tu peux poser une question • à l'Ange de la Responsabilité • et au chef indien • ou leur demander conseil.

Courte pause (5 à 20 minutes pour les adultes).

Peu à peu • vient le moment • où tu dois revenir.

Le vieux chef • prend congé de toi • avec ces paroles :

Nous faisons tous • partie de cette Terre • et la Terre • est une partie de nous. • Toutes les choses • et tous les êtres vivants • sont inséparables. • Dieu • aime tous les hommes !

Il te regarde au fond des yeux • et tu as le sentiment • de le connaître depuis longtemps. • Remercie-le • et prends congé de lui • pour aujourd'hui.

L'Ange de la Responsabilité • prend congé de toi avec ces mots :

Ta croissance spirituelle • dépend de la manière • dont tu traites les épreuves de la vie, • et de ton acceptation. • Chaque être humain • doit supporter les conséquences • de ses actes. • Ce que tu sèmes, • tu le récoltes !

Avec amour, • tu remercies l'Ange de la Responsabilité, • et tu prends congé de lui pour aujourd'hui.

Ton Ange Gardien fait un geste de la main, • et l'Ange de la Responsabilité • redevient invisible pour toi. ••• À présent, ton Ange Gardien fredonne une mélodie, • et l'arc électrique multicolore se dissout, • les lumières colorées des plumes • s'éteignant successivement. ••• D'abord disparaît • l'arc électrique blanc, ••• puis disparaissent l'arc électrique violet, ••• le bleu ciel ••• et le vert ; ••• à présent s'éteignent les arcs électriques jaune d'or, ••• orange ••• et enfin l'arc électrique rouge.

Ton Ange Gardien • ramasse les sept plumes • sur le sol • et l'on ne voit plus rien à présent • des arcs électriques. ••• Accompagné(e) de ton Ange Gardien, • tu prends maintenant le chemin du retour • à travers la forêt inondée de lumière. ••• Heureux/heureuse • et satisfait(e), • tu es maintenant prêt(e) • à revenir dans ton quotidien.

POSTLUDE

Maintenant, • inspire et expire profondément. ••• Tu sens • que tu t'éveilles lentement • et reviens dans le quotidien. •••

Respire encore une fois • profondément. • À présent, • tu sens de nouveau ton corps, ••• tes bras ••• et tes jambes. ••• Inspire et expire encore une fois profondément. • Remue lentement tes bras, ••• tes mains, ••• tes jambes, ••• étire-toi, • ouvre lentement les yeux • et, • joyeux/joyeuse et reposé(e), • reviens dans ton quotidien.

L'ANGE DE LA RÉUSSITE

Réussir, c'est avancer vers un but par ses propres efforts. Tu dois prendre conscience de l'endroit où tu vas ou de l'endroit où tu voudrais aller. Ce faisant, veille à tes pensées, car elles sont la semence du succès ou de l'échec.

PRÉLUDE

Étends-toi très détendu(e), • étire tes jambes • et laisse retomber tes pieds • lentement vers l'extérieur. ••• Tes bras • reposent relaxés • sur les côtés. • Ferme les yeux, • inspire • et expire calmement. • Sens • combien tu deviens • plus calme • à chaque respiration. • À chaque expiration, • tu lâches • tout ce qui t'a occupé(e) • jusqu'ici. ••• Laisse défiler tes pensées • comme de petits nuages blancs • dans un ciel ensoleillé. ••• La pression • en toi-même • devient plus légère • et s'écoule avec l'expiration. ••• À l'inspiration, • tu respires la légèreté • et la liberté, • qui te facilitent • l'accès • à la profondeur de ton être. ••• Tu te sens calme • et satisfait(e), • tu es totalement relaxé(e). ••• Maintenant, • tu peux voyager en imagination • dans le royaume • des anges.

MÉDITATION

Imagine • que tu te trouves dans une merveilleuse prairie • aux couleurs réjouissantes. ••• C'est une journée de printemps • agréablement chaude. • L'air est clair, • le ciel • irradie dans son plus beau bleu, • et le soleil • darde ses chauds rayons dorés • sur la campagne.

Tu es tout à fait détendu(e), • tu te sens bien • et protégé(e). ••• Tandis que tu considères la prairie aux couleurs réjouissantes, • tu sens • ton Ange Gardien s'approcher de toi. • C'est une sensation merveilleuse • que de ressentir • sa proximité • et son amour. • Salue-le • et jouis • de son embrassement plein d'amour.

Aujourd'hui, • ton Ange Gardien voudrait visiter avec toi • l'Ange de la Réussite. ••• Tu te réjouis beaucoup • et tu sens • que quelque chose de très particulier • va arriver. ••• Ton Ange Gardien te prend par la main et, • ensemble, • vous marchez vers une grande haie de troènes. ••• Il caresse une feuille et, • étrangement, • la haie glisse sur le côté. • Devant toi, • tu vois à présent une allée • – un chemin droit – • qui, des deux côtés, • est bordé de sept tilleuls. • Ce chemin droit • est l'entrée • d'un labyrinthe circulaire à douze couloirs • constitué par des haies de troènes.

Le chemin, • dans le labyrinthe, • est une métaphore • de ton itinéraire de vie. ••• Il est tortueux • et long, • change sans cesse de direction, • passe fréquemment à côté du but, • mais il est pourtant sans équivoque • et conduit toujours au centre • avec certitude, • puis vers la sortie. ••• Ton Ange Gardien • est toujours à tes côtés • sur tous tes chemins.

À côté de chaque tilleul • se trouve une lanterne. • Ton Ange Gardien fait un geste de la main et, • successivement, • les lanternes • plongent le chemin • dans une lumière • qui prend les couleurs • de l'arc-en-ciel.

Tu traverses d'abord • la lumière rouge. • Inspire profondément • cette énergie rouge • qui fortifie • et enracine, et, • à l'expiration, • laisse-la s'écouler • à travers ton chakra racine.

Traverse maintenant • la lumière orange. • Inspire profondément • cette énergie orange • passionnée • et joyeuse, et • à l'expiration, • laisse-la s'écouler • à travers ton chakra sacré.

À présent, • traverse la lumière jaune d'or. • Inspire profondément • cette énergie jaune d'or • qui apporte la confiance • et acquiesce à la vie, et, • à l'expiration, • laisse-la s'écouler • à travers le chakra de ton plexus solaire.

Traverse maintenant • la lumière verte. • Inspire profondément • cette énergie verte • qui guérit, • qui apporte l'amour et l'harmonie et • à l'expiration, • laisse-la s'écouler • à travers le chakra de ton cœur.

Traverse à présent • la lumière bleu ciel. • Inspire profondément • cette énergie bleu ciel • communicative • et curative, et, • à l'expiration, • laisse-la s'écouler • à travers le chakra de ta gorge.

Maintenant, • traverse la lumière violette. • Inspire profondément • cette énergie violette • apaisante et, • à l'expiration, • laisse-la s'écouler • à travers le chakra de ton front.

Tu traverses à présent • la lumière blanche • immaculée. • Inspire profondément • cette énergie blanche • qui calme • et apaise, et, • à l'expiration, • laisse-la s'écouler • à travers ton chakra couronne.

Tu es maintenant arrivé(e) à l'entrée • du premier couloir circulaire • du labyrinthe. ••• Ton Ange Gardien fredonne une mélodie, • l'air autour de toi • commence à étinceler • et l'Ange de la Réussite • apparaît près de toi. • Il te sourit en clignant de l'œil. • Salue-le aimablement.

Il te déclare :

Réussir, • c'est te rapprocher de ton but par tes propres efforts. • Tu dois prendre conscience de l'endroit où tu vas • ou de l'endroit où tu voudrais aller. • Ce faisant, • veille à tes pensées, • car elles sont la semence du succès ou de l'échec. • La récompense de tes efforts sera au rendez-vous • si tu crois en toi-même • et si tes pensées • et tes actes • sont orientés • vers le bien de toutes les personnes concernées.

Accompagné(e) des deux anges, • tu suis maintenant le chemin • du labyrinthe fait de haies de troènes. ••• Pendant que tu empruntes le chemin tortueux, • quand tu arrives au but • et que tu reviens, • tu peux poser une question à l'Ange de la Réussite • ou bien lui demander conseil.

Courte pause (5 à 20 minutes pour les adultes).

Lentement • vient le moment • où tu dois revenir.

À présent, • tu es revenu(e) • dans le premier couloir circulaire • du labyrinthe. ••• L'Ange de la Réussite • prend congé de toi avec ces mots :

Le labyrinthe • représente symboliquement • l'itinéraire d'un être humain • vers l'intérieur de lui-même. • Il caractérise aussi • le chemin tortueux • qui te conduit au centre • de la force universelle. • Sur ce chemin, • tu rencontres • des situations difficiles, • et ton but • semble souvent plus éloigné • qu'au début de ton voyage. • Tu fais plusieurs fois le tour de ton objectif, • et de nouveau tu le perds de vue. • Parfois, • tu es contraint(e) à d'apparents détours — • des détours • qui t'éloignent de ton but. • Mais réfléchis • que rien n'arrive sans raison. • Chaque rencontre • et chaque situation • te fait avancer. • Si tu vas ton chemin avec opiniâtreté, • sans faire demi-tour, • alors la voie que tu as prise te conduira finalement au but ! • Sur le chemin qui sort du labyrinthe, • tu reviens dans ta vie fortifié(e) • et pourvu(e) de nouvelles connaissances. • Les anges • sont toujours à tes côtés • sur tous tes chemins.

Remercie l'Ange de la Réussite ° et prends congé de lui ° pour aujourd'hui.

Accompagné(e) de ton Ange Gardien, ° tu prends maintenant le chemin du retour, ° celui que tu as emprunté pour venir. °°° Tandis que tu longes l'allée des tilleuls, ° les lumières multicolores s'éteignent successivement.

D'abord ° s'éteint la lumière blanche, °°° puis la violette, °°° puis la bleu ciel °°° et la lumière verte. °°° À présent ° s'éteignent la lumière jaune d'or, °°° la lumière orange °°° et enfin ° la lumière rouge.

Ton Ange Gardien te conduit, ° par la haie de troènes, ° dans la prairie. °°° Derrière vous ° la haie se referme ° magiquement. ° Maintenant, ° on ne voit plus rien ° de l'allée de tilleuls. °°° Rayonnant(e) de joie, ° tu regardes ton Ange Gardien ° et tu es prêt(e) ° à revenir dans ton quotidien.

POSTLUDE

Maintenant, ° inspire et expire profondément. °°° Tu sens ° que tu t'éveilles lentement ° et reviens dans le quotidien. °°° Respire encore une fois ° profondément. ° À présent, ° tu sens de nouveau ton corps, °°° tes bras °°° et tes jambes. °°° Inspire et expire encore une fois profondément. ° Remue lentement tes bras, °°° tes mains, °°° tes jambes, °°° étire-toi, ° ouvre lentement les yeux ° et, ° joyeux/joyeuse et reposé(e), ° reviens dans ton quotidien.

L'ANGE DE LA SAGESSE

La sagesse se développe à partir de ta capacité à reconnaître et à comprendre les tenants et les aboutissants de ta vie. Ouvre-toi à la profondeur de tes expériences et identifie ce qui, pour toi, est authentique. La sagesse fait s'épanouir la maturité intérieure, et la croissance spirituelle s'ensuit.

PRÉLUDE

Étends-toi très détendu(e), • étire tes jambes • et laisse retomber tes pieds • lentement vers l'extérieur. ••• Tes bras • reposent relaxés • sur les côtés. • Ferme les yeux, • inspire • et expire calmement. • Sens • combien tu deviens • plus calme • à chaque respiration. • À chaque expiration, • tu lâches • tout ce qui t'a occupé(e) • jusqu'ici. ••• Laisse défiler tes pensées • comme de petits nuages blancs • dans un ciel ensoleillé. ••• La pression • en toi-même • devient plus légère • et s'écoule avec l'expiration. ••• À l'inspiration, • tu respires la légèreté • et la liberté, • qui te facilitent • l'accès • à la profondeur de ton être. ••• Tu te sens calme • et satisfait(e), • tu es totalement relaxé(e). ••• Maintenant, • tu peux voyager en imagination • dans le royaume • des anges.

MÉDITATION

Imagine • que tu te trouves dans un merveilleux alpage. • C'est une journée ensoleillée • agréablement chaude. • Le ciel est clair • et irradie dans son bleu le plus céleste.

Dans la prairie • jouent de petits bouquetins. • Des sauterelles sautent d'une fleur à l'autre ; • plus bas, à l'orée du bois, • un faon paît • tranquillement sous le soleil.

Tu regardes le ciel • et tu vois un grand aigle royal • planer doucement et paisiblement • à travers les airs • en direction de la montagne. • C'est là qu'il vit, • dans un grand nid • accroché au flanc de la montagne. ••• Tandis que tu observes l'aigle, • tu sens • ton Ange Gardien s'approcher de toi. • C'est une sensation magnifique • que de ressentir sa proximité • et son amour. • Salue-le • et jouis • de son embrassement plein d'amour.

Aujourd'hui, • il voudrait visiter avec toi • l'Ange de la Sagesse. ••• Tu te réjouis beaucoup, • car tu sais • que quelque chose de tout à fait particulier va arriver. ••• Avec ton Ange Gardien, • tu franchis les quelques pas • qui te mènent jusqu'à la montagne. • Là, • devant la montagne, • pousse un arbre très spécial. • Cet arbre • porte de nombreux fruits, • gros, • multicolores, • scintillants.

Ton Ange Gardien fait un geste de la main. • L'arbre se secoue doucement • et fait successivement tomber • sept fruits étincelants • qui, • arrivés au sol, • se transforment en de merveilleuses fleurs éclatantes.

D'abord • tombe sur le sol • un fruit rouge scintillant • qui se transforme • en une fleur rouge. • De la fleur • émane une lumière rouge vigoureuse, • qui, sous la forme d'un arc électrique rouge, • s'étire sur la paroi rocheuse. • L'air autour de toi • luit à présent aussi de cette lumière rouge. • C'est la couleur • du courage, • de la force • et de l'enracinement. • Inspire profondément • cette énergie rouge • curative et, • à l'expiration, • laisse-la s'écouler • à travers ton chakra racine.

Maintenant • tombe sur le sol • un fruit orange scintillant • qui se transforme • en une fleur orange. • De la fleur • émane une lumière orange qui, • sous la forme d'un arc électrique orange, • se pose au-dessus de l'arc rouge. • L'air autour de toi • luit maintenant aussi • de cette lumière orange. • C'est la couleur • de la passion, • de la créativité, • de la gaieté • et du rire. • Inspire profondément • cette énergie orange • curative et, • à l'expiration, • laisse-la s'écouler • à travers ton chakra sacré.

Un fruit jaune d'or tombe sur le sol • et se transforme • en une fleur jaune d'or étincelante. • Une lumière jaune d'or • resplendit et, • sous la forme d'un arc électrique jaune d'or, • va se poser au-dessus de l'arc orange. • L'air autour de toi • brille à présent aussi de cette lumière jaune d'or. • C'est la couleur • de la joie de vivre, • de l'entrain • et de la confiance. • Inspire profondément • cette énergie jaune d'or • curative et, • à l'expiration, • laisse-la s'écouler • à travers le chakra de ton plexus solaire.

Un fruit vert scintillant tombe sur le sol • et se transforme • en une fleur verte. • Une lumière verte jaillit et, • sous la forme d'un arc électrique vert, • vient se poser au-dessus de l'arc jaune d'or. • L'air autour de toi • luit maintenant aussi • de cette lumière verte. • C'est la couleur • de la guérison, • de la croissance spirituelle • et de l'équilibre intérieur. • Inspire profondément • cette énergie verte • curative et, • à l'expiration, • laisse-la s'écouler • à travers ton chakra du cœur.

Un fruit bleu ciel • tombe maintenant sur le sol • et se transforme • en une fleur bleu ciel. • Une lumière bleu ciel • jaillit et, • sous la forme d'un arc électrique bleu ciel, • se pose au-dessus de l'arc vert. • L'air autour de toi • luit également, • à présent, • de cette lumière bleu ciel. • C'est la couleur de la communication. • Cette lumière amène sur tes lèvres • les mots qu'il faut • au bon moment. • Inspire profondément • cette énergie bleu ciel • curative et, • à l'expiration, • laisse-la s'écouler • à travers le chakra de ta gorge.

Un fruit violet tombe sur le sol • et se transforme • en une fleur • d'un violet éclatant. • Une lumière violette jaillit et, • sous la forme d'un arc électrique violet, • se pose au-dessus de l'arc bleu ciel. • L'air autour de toi • luit à présent aussi • de cette lumière violette. • C'est la couleur de la spiritualité, • de la paix intérieure • et de la foi. • Inspire profondément • cette énergie violette • curative et, • à l'expiration, • laisse-la s'écouler • à travers ton chakra du front.

C'est maintenant un fruit blanc • qui tombe sur le sol • et qui se transforme • en une fleur blanche immaculée. • Une lumière blanche • en émane, • qui vient se poser au-dessus de l'arc violet • sous la forme d'un arc électrique blanc. • L'air autour de toi • luit également • de cette lumière blanche immaculée. • C'est la couleur du calme souverain, • de la paix universelle • et de la sécurité absolue. • Grâce à la lumière blanche, • tu es relié(e) à la source divine • de toute vie. • Inspire profondément • cette énergie blanche • curative et, • à l'expiration, • laisse-la s'écouler • à travers ton chakra couronne.

Regarde • ce qui se passe maintenant.

L'arc électrique multicolore • se transforme en une porte lumineuse, • par laquelle tu peux parvenir à l'intérieur de la montagne. • De l'intérieur de la montagne • jaillit à ta rencontre • une splendide lumière dorée.

En souriant, • ton Ange Gardien te prend par la main • et te conduit, • par la porte lumineuse, • dans une merveilleuse caverne de lumière. ••• Tu entends le doux clapotement d'un torrent souterrain • et le jeu céleste • d'une harpe.

Au centre de la caverne, • tu découvres • une petite fontaine de lumière. • Son eau curative • brille de toutes les couleurs de l'arc-en-ciel. • À côté de la fontaine • se tient l'Ange de la Sagesse, • qui te sourit avec amour. • Va vers lui • et salue-le aimablement.

L'Ange de la Sagesse • est initié • aux plus profonds mystères. • Il est au fait • des tenants et des aboutissants les plus secrets de ta vie. • Il t'enseigne • en te faisant voir beaucoup de choses • et t'aide • à identifier • ce qui importe véritablement dans la vie.

Il te déclare :

La sagesse • se développe à partir de ta capacité de reconnaître • et de comprendre • les tenants et les aboutissants de ta vie. • Ouvre-toi • à la profondeur de tes expériences • et identifie • ce qui, pour toi, est authentique. • La sagesse • fait s'épanouir la maturité intérieure, • et la croissance spirituelle s'ensuit.

Un peu plus loin dans la caverne, • tu vois une magnifique balançoire • faite de lumière aux couleurs de l'arc-en-ciel. ••• Main dans la main avec les deux anges, • tu prends place • sur la grande balançoire • en arc-en-ciel, • qui vous porte en toute sécurité. ••• C'est un plaisir céleste • que de se balancer • avec les anges.

Jouis • de l'amour des deux anges • et réjouis-toi de leur proximité. ••• Si tu le désires, • tu peux poser une question à l'Ange de la Sagesse • ou lui demander conseil.

Courte pause (5 à 20 minutes pour les adultes).

Peu à peu ◦ vient le moment ◦ où tu dois revenir.

À la fontaine de lumière, ◦ l'Ange de la Sagesse ◦ remplit un verre ◦ d'eau lumineuse curative ◦ à ton intention ; ◦ elle fournit exactement l'énergie curative ◦ importante pour toi ◦ dans le moment présent. ◦ Si tu le souhaites, ◦ bois à présent l'énergie lumineuse ◦ ou emporte-la à la maison.

L'Ange de la Sagesse prend congé de toi avec ces mots :

Prête attention ◦ à tout ce que tu fais ◦ et à tout ce que tu vois ; ◦ tu apprendras alors beaucoup de choses. ◦ Identifie ce qui dans la vie ◦ t'importe vraiment !

Tu remercies l'Ange de la Sagesse ◦ et tu prends congé de lui ◦ pour aujourd'hui.

Accompagné(e) de ton Ange Gardien, ◦ tu ressors joyeusement par la porte lumineuse ◦ de la paroi rocheuse ◦ et tu reviens sur l'alpage. ◦ Ton Ange Gardien fait un geste de la main, ◦ la lumière blanche se retire dans la fleur blanche, ◦ qui referme maintenant sa corolle, ◦ et la porte lumineuse ◦ redevient invisible à tes yeux.

À présent, ◦ les lumières multicolores ◦ se retirent successivement ◦ dans leurs fleurs, ◦ qui se referment toutes également. ◦ La fleur violette referme sa corolle, ◦◦◦ puis la fleur bleu ciel, ◦◦◦ la verte, ◦◦◦ la jaune d'or, ◦◦◦ la fleur orange, ◦◦◦ et enfin ◦ la fleur rouge ◦ referme sa corolle.

Maintenant, ◦ on ne voit plus rien ◦ de la porte lumineuse ◦ ni de ses couleurs bigarrées. ◦ Joyeux/joyeuse ◦ et détendu(e), ◦ tu es prêt(e) à présent ◦ à revenir dans ton quotidien.

POSTLUDE

Maintenant, • inspire et expire profondément. ••• Tu sens • que tu t'éveilles lentement • et reviens dans le quotidien. ••• Respire encore une fois • profondément. • À présent, • tu sens de nouveau ton corps, ••• tes bras ••• et tes jambes. ••• Inspire et expire encore une fois profondément. • Remue lentement tes bras, ••• tes mains, ••• tes jambes, ••• étire-toi, • ouvre lentement les yeux • et, • joyeux/joyeuse et reposé(e), • reviens dans ton quotidien.

Les méditations guidées sur les archanges

à l'intention des cercles de méditation expérimentés, des thérapeutes et des cercles de méditation selon le modèle anglais

GABRIEL

Qui est Gabriel ?

Son nom signifie « Dieu est force » ou « ma confiance est en Dieu ».

Il est l'ange de l'Annonciation, l'ange de la Connaissance,
il est la lumière de la Rédemption et de la Résurrection et il envoie la
force du changement et du renouvellement !

Dès l'instant où tu prends une décision claire,
de nouvelles portes s'ouvrent pour toi.

Quelles que soient les difficultés que tu as rencontrées,
quelle que soit ton anxiété actuelle, la Connaissance te libère.

PRÉLUDE

Étends-toi très détendu(e), • étire tes jambes • et laisse retomber tes pieds • lentement vers l'extérieur. ••• Tes bras • reposent relaxés • sur les côtés. • Ferme les yeux, • inspire • et expire calmement. • Sens • combien tu deviens • plus calme • à chaque respiration. • À chaque expiration, • tu lâches • tout ce qui t'a occupé(e) • jusqu'ici. ••• Laisse défiler tes pensées • comme de petits nuages blancs • dans un ciel ensoleillé. ••• La pression • en toi-même • devient plus légère • et s'écoule avec l'expiration. ••• À l'inspiration, • tu respires la légèreté • et la liberté, • qui te facilitent • l'accès • à la profondeur de ton être. ••• Tu te sens calme • et satisfait(e), • tu es totalement relaxé(e). ••• Maintenant, • tu peux voyager en imagination • dans le royaume • des anges.

MÉDITATION

Imagine • que tu te trouves dans une prairie aux joyeuses couleurs. • C'est une journée de printemps agréablement chaude. • Le soleil darde ses rayons dorés • et le ciel irradie • son bleu le plus céleste. • Tu sens • les aimables caresses des rayons solaires sur ta peau • et le tendre embrassement du vent.

Les oiseaux • gazouillent pour toi une merveilleuse chanson de printemps. ••• Tu regardes le ciel • et tu observes le vol acrobatique des hirondelles. • C'est magnifique à regarder.

Tandis que tu observes les hirondelles, • tu sens • ton Ange Gardien s'approcher de toi. • C'est une sensation bienfaisante • que de ressentir son amour, • sa proximité • et la confiance qu'il a en toi. • Salue-le • et jouis • de son embrassement plein d'amour.

Aujourd'hui, • ton Ange Gardien voudrait • t'emmener dans un voyage tout à fait particulier. • Il voudrait te présenter Gabriel, l'Ange de l'Annonciation et de la Connaissance. ••• Tu te réjouis beaucoup • et tu sens • qu'une aventure céleste • t'attend.

Ton Ange Gardien te prend par la main • et ensemble • vous vous dirigez vers une grande haie fleurie. • Doucement, • ton Ange Gardien caresse une feuille de la haie fleurie • et étrangement • la haie glisse sur le côté • pour libérer le chemin • menant à une porte lumineuse d'un rouge éclatant.

Sur un geste de la main de ton Ange Gardien, • un ange vêtu de rouge scintillant • devient visible pour toi • devant la porte rouge. • En souriant, • cet ange ouvre la porte lumineuse rouge à ton intention. • Passe maintenant • la porte rouge. • L'air autour de toi irradie une lumière rouge qui fortifie. • Inspire profondément • cette énergie rouge • curative et, • à l'expiration, • laisse-la s'écouler • à travers ton chakra racine.

À présent, tu fais trois pas. ••• Devant une porte lumineuse orange • se tient un ange en vêtement d'un orange étincelant. • Il te regarde avec douceur • et ouvre la porte orange à ton intention. • Passe cette porte. • L'air autour de toi • irradie une lumière d'un orange éclatant. • C'est • la couleur de la passion, • de la gaieté, • de la créativité • et du rire. • Inspire profondément • cette énergie orange • curative et, • à l'expiration, • laisse-la s'écouler • à travers ton chakra sacré.

Fais trois autres pas. ••• Devant une porte lumineuse jaune d'or • se tient un ange • vêtu de jaune d'or. • En clignant de l'œil, •

il t'ouvre la porte jaune d'or. • Passe maintenant cette porte. • L'air autour de toi • irradie une lumière jaune d'or • qui apporte la confiance. • C'est • la couleur de la joie de vivre, • de l'entrain • et de la confiance en soi. • Inspire profondément • cette énergie jaune d'or • curative et, • à l'expiration, • laisse-la s'écouler • à travers le chakra de ton plexus solaire.

Après trois autres pas, ••• tu aperçois un ange vêtu d'un habit • qui scintille de vert, de rose et d'or, • devant une porte verte. • Il te sourit aimablement • et ouvre à présent • la porte verte à ton intention. • Passe cette porte. • L'air autour de toi • irradie une lumière verte • curative. C'est • la couleur de la guérison, • de la croissance spirituelle • et de l'équilibre intérieur. • Inspire profondément • cette énergie verte • curative et, • à l'expiration, • laisse-la s'écouler • à travers ton chakra du cœur.

Tu fais à présent trois autres pas. ••• Devant une porte bleu ciel • se tient un ange en vêtement chatoyant de bleu ciel et d'or. • En souriant, • il ouvre la porte bleu ciel à ton intention. • Passe maintenant • cette porte. • L'air autour de toi • irradie d'un bleu céleste. • C'est • la couleur de la communication. • Cette énergie colorée • met sur tes lèvres • les mots qu'il faut • au bon moment. • Inspire profondément • cette énergie bleu ciel • curative et, • à l'expiration, • laisse-la s'écouler • à travers le chakra de ta gorge.

Fais encore une fois trois pas. ••• Devant une porte bleu roi • se tient un ange rayonnant • dans un vêtement bleu roi. • Il te regarde avec amour • et ouvre à présent la porte bleu roi à ton intention. • Passe cette porte. • L'air autour de toi • irradie une somptueuse lumière bleu roi. • C'est • la couleur du calme intérieur, • de la protection • et de l'intuition. • Inspire profondément • cette énergie bleu roi • curative et, • à l'expiration, • laisse-la s'écouler • à travers le chakra de ton front.

Tu fais trois autres pas. ••• Devant une porte violette • se tient un ange • dans un vêtement d'un violet scintillant. • En souriant, • il t'ouvre à présent la porte violette. • Passe cette porte. • L'air autour de toi • irradie une lumière violette apaisante. • C'est • la couleur de la spiritualité, • de la foi • et de la paix intérieure. • Inspire profondément • cette énergie violette • curative et, • à l'expiration, • laisse-la également s'écouler • à travers ton chakra du front.

Fais encore une fois trois pas. ••• Devant une porte blanche • se tient un ange somptueux • dans un vêtement d'un blanc immaculé. • Il te regarde avec amour • et sagesse. • Tu es tout à fait détendu(e), • tu te sens bien • et protégé(e). • Il ouvre maintenant • la porte blanche à ton intention. • Passe la porte blanche. • L'air autour de toi • irradie une lumière blanche immaculée. • C'est • la couleur de la pureté, • de la paix universelle, • du calme absolu • et de la sécurité complète. • Grâce à la lumière blanche, • tu es relié(e) à la source divine • de toute vie ! • Inspire profondément • cette énergie blanche • curative et, • à l'expiration, • laisse-la s'écouler • à travers ton chakra couronne.

Fais trois autres pas. • Devant toi, • tu aperçois un escalier lumineux, • d'un blanc immaculé, • qui te conduit au temple de la Connaissance.

Accompagné(e) de ton Ange Gardien, • tu gravis à présent • la première marche, • d'un blanc immaculé, • de l'escalier lumineux. • La lumière autour de toi • devient encore plus éclatante.

• Tu sens que t'attend • au bout de cet escalier • une merveille indescriptible.

Gravis maintenant • la deuxième marche • d'une blancheur immaculée. • Ne regarde pas en arrière. • Le passé • est passé, • seul compte l'instant présent.

Monte sur la troisième marche • d'une blancheur immaculée. • Tu sens • que ta confiance • devient de plus en plus forte.

Tu gravis à présent • la quatrième marche • d'un blanc immaculé. • Lâche tout ce qui, • jusqu'à présent, • t'a pesé. • Inspire la paix • et la légèreté et, • à l'expiration, • abandonne tous tes soucis, • laisse s'écouler de toi • tout ce qui est lourd • dans la lumière blanche • de la purification • et de la guérison.

Monte à présent • sur la cinquième marche • d'un blanc immaculé. • Tu es tout à fait détendu(e), tu te sens bien • et protégé(e).

Gravis maintenant • la sixième marche • d'un blanc immaculé. • La lumière autour de toi • est de plus en plus éclatante. • Tu te sens porté(e) • et aimé(e) inconditionnellement.

Gravis à présent • la septième marche • d'un blanc immaculé. • Jouis • de cette énergie céleste • curative, • qui te baigne de toute part.

Monte maintenant • sur la huitième marche • d'un blanc immaculé. • Tu te sens léger/légère, • libéré(e) • et heureux/heureuse.

Gravis maintenant la neuvième marche • d'un blanc immaculé. • Ton esprit est ouvert • et vigilant.

Monte à présent • sur la dixième marche • d'un blanc immaculé. • Tu sens l'amour • et la force protectrice des anges • à tes côtés.

Gravis à présent • la onzième marche • d'un blanc immaculé. • Inspire profondément • cette énergie lumineuse blanche • et curative. • Laisse-la s'écouler dans chaque cellule • de ton corps.

Va maintenant sur la douzième marche • d'un blanc immaculé. • Sens l'énergie • de l'accomplissement • et de la perfection • sur cette marche lumineuse.

Tu es à présent parvenu(e) • devant le portail doré • du temple de la Connaissance. ••• Tandis que le portail s'ouvre doucement, • tu sens l'énergie aimante, • puissante • et clarifiante de Gabriel, • l'Ange de l'Annonciation • et de la Connaissance. ••• Ton Ange Gardien te prend par la main en souriant • et te conduit • dans le temple de la Connaissance.

Tu te tiens maintenant • dans une grotte • céleste • inondée de lumière. • Vois comme tout scintille et étincelle • où que tu portes ton regard. • Les parois rocheuses sont décorées • d'innombrables pierres précieuses • éclatantes • de toutes formes • et de toutes grosseurs. • Tu reconnais des rubis éclatants, • du jaspe rouge, • des pierres solaires étincelantes, • des cornalines orange, • des citrines scintillantes, • de l'ambre, • des émeraudes, • du péridot à l'éclat vert, • du quartz rose, • de la turquoise, • de la calcédoine bleu ciel, • du lapis-lazuli incrusté d'or, • de l'améthyste violet foncé et violet clair, • de l'agate rubanée • et des diamants aux mille feux. ••• C'est merveilleux à regarder. • Tu es tout à fait détendu(e), • tu te sens bien • et protégé(e).

Au milieu de la grotte, • tu découvres • une merveilleuse fontaine hexagonale, • d'où s'écoule • en clapotant • une eau cristalline • en forme de cascade. • À côté de la fontaine, • tu aperçois Gabriel, • l'Ange de l'Annonciation • et de la Connaissance. • Il te regarde avec amour • et sagesse. • Va vers lui • et salue-le aimablement.

Gabriel te déclare :

N'aie pas peur ◦ de prendre en compte ◦ la réalité de ton cœur. ◦ La vérité t'apporte la clarté. ◦ La Connaissance suit la clarté. ◦ La liberté ◦ t'ouvre de nouvelles portes. ◦ Derrière ces portes ◦ t'attendent de nouvelles chances ◦ et de nouvelles possibilités.

Autour de la fontaine hexagonale ◦ sont disposés ◦ de merveilleux coussins ◦ colorés. ◦ Assieds-toi sur l'un de ces coussins ◦ et jouis de la compagnie ◦ de Gabriel. ◦◦◦ Si tu le désires, ◦ tu peux lui poser une question ◦ ou lui demander conseil.

Courte pause (5 à 20 minutes pour les adultes).

Peu à peu ◦ vient le moment ◦ où tu dois revenir.

Gabriel prend congé de toi avec ces mots :

Vis ◦ en accord ◦ avec ton cœur ! ◦ À l'instant ◦ où tu prends une décision claire, ◦ de nouvelles portes s'ouvrent pour toi. ◦ L'authenticité te rend libre.

Avec un embrassement plein d'amour ◦ et une pleine confiance dans ton chemin de vie, ◦ tu remercies à présent Gabriel ◦ et tu prends congé de lui ◦ pour aujourd'hui.

En souriant, ◦ ton Ange Gardien te prend par la main ◦ et te conduit sur le chemin du retour, ◦ par le portail doré, ◦ sur la douzième marche ◦ de l'escalier d'un blanc immaculé. ◦ L'énergie de l'amour ◦ et de la Connaissance ◦ t'accompagne.

Descends à présent lentement ◦ les marches blanches. ◦ Pose le pied sur la onzième marche, ◦◦◦ puis sur la dixième marche, ◦◦◦ la neuvième marche, ◦◦◦ la huitième marche, ◦◦◦ continue sur la septième marche, ◦◦◦ la sixième marche, ◦◦◦ puis la cinquième, ◦◦◦ la quatrième marche, ◦◦◦ la troisième marche, ◦◦◦ descends maintenant sur la deuxième marche, ••• et puis sur la première marche. ••• De la première marche, • descends à présent • sur le sol.

Tandis que tu reviens maintenant • sur le chemin • par lequel tu es arrivé(e), • les anges ferment • derrière toi • les portes colorées.

Tu passes la porte blanche • et l'ange • en vêtement blanc immaculé • ferme derrière toi • la porte blanche.

Passe maintenant • la porte violette. • L'ange • en vêtement violet étincelant • ferme derrière toi • la porte violette.

Passe la porte bleu roi. • L'ange rayonnant • en vêtement bleu roi • ferme derrière toi • la porte bleu roi.

À présent, • tu passes la porte bleu ciel. • L'ange • en vêtement chatoyant bleu ciel et or • ferme derrière toi • la porte bleu ciel.

Passe maintenant • la porte verte. • L'ange • en vêtement scintillant vert, rose et or • ferme derrière toi • la porte verte.

Tu passes à présent • la porte jaune d'or. • L'ange aimable • en vêtement jaune d'or • ferme derrière toi • la porte jaune d'or.

Maintenant, • tu passes la porte orange. • L'ange, • dans un en vêtement irradiant la couleur orange, • ferme derrière toi • la porte orange.

Enfin, • tu passes la porte rouge. • L'ange • en vêtement rouge scintillant • ferme derrière toi • la porte rouge.

Ton Ange Gardien • te conduit à présent • à travers la haie de fleurs • dans ta prairie. • Derrière vous, • la haie de fleurs • se referme • comme par miracle. ••• Tu te sens vigoureux/vigoureuse et équilibré(e). ••• Heureux/heureuse et satisfait(e),

• tu regardes en souriant ton Ange Gardien • et tu es prêt(e) maintenant • à revenir dans ton quotidien.

POSTLUDE

Maintenant, • inspire et expire profondément. ••• Tu sens • que tu t'éveilles lentement • et reviens dans le quotidien. ••• Respire encore une fois • profondément. • À présent, • tu sens de nouveau ton corps, ••• tes bras ••• et tes jambes. ••• Inspire et expire encore une fois profondément. • Remue lentement tes bras, ••• tes mains, ••• tes jambes, ••• étire-toi, • ouvre lentement les yeux • et, • joyeux/joyeuse et reposé(e), • reviens dans ton quotidien.

MICHEL

Qui est Michel ? Son nom signifie « Qui est comme Dieu ? »
Michel est le prince des anges, l'Ange de la Miséricorde et de la Paix.
Il est le guide des âmes sur le chemin de l'éternité.

Seul(e) celui/celle qui est en paix avec soi-même peut créer de la paix vers l'extérieur. La paix contient l'amour, l'amitié, l'aptitude au compromis, la protection et le respect. Faire preuve de miséricorde, c'est avoir de la compassion pour soi-même et pour son prochain.

PRÉLUDE

Étends-toi très détendu(e), • étire tes jambes • et laisse retomber tes pieds • lentement vers l'extérieur. ••• Tes bras • reposent relaxés • sur les côtés. • Ferme les yeux, • inspire • et expire calmement. • Sens • combien tu deviens • plus calme • à chaque respiration. • À chaque expiration, • tu lâches • tout ce qui t'a occupé(e) • jusqu'ici. ••• Laisse défiler tes pensées • comme de petits nuages blancs • dans un ciel ensoleillé. ••• La pression • en toi-même • devient plus légère • et s'écoule avec l'expiration. ••• À l'inspiration, • tu respires la légèreté • et la liberté, • qui te facilitent • l'accès • à la profondeur de ton être. ••• Tu te sens calme • et satisfait(e), • tu es totalement relaxé(e). ••• Maintenant, • tu peux voyager en imagination • dans le royaume • des anges.

MÉDITATION

Imagine • que tu te trouves sur une plage merveilleuse. • C'est une journée d'été • agréablement chaude. • La mer • scintille et étincelle • sous le soleil doré. • Le ciel • irradie dans son bleu le plus céleste.

Tu sens • la caresse aimable • des rayons solaires sur ta peau, • et le vent • souffle tendrement • à travers ta chevelure. ••• Tu es tout à fait détendu(e), • tu te sens bien • et protégé(e).

À ta droite, • tu vois, • sur une falaise, • une petite et vieille église • peinte en blanc. ••• Dans l'air clair et ensoleillé • glisse une blanche colombe • qui se pose devant la porte de l'église. ••• Tandis que tu observes la colombe, • tu sens ton Ange Gardien • s'approcher de toi. • C'est une sensation bienfaisante • que de ressentir son amour, • sa proximité • et la confiance qu'il a en toi. • Salue-le • et jouis • de son embrassement plein d'amour.

Aujourd'hui, • ton Ange Gardien voudrait • t'emmener dans un voyage très particulier. • Il voudrait te présenter • Michel, • le Prince des Anges de la Paix • et de la Miséricorde. ••• Tu te réjouis beaucoup • et tu sens • qu'une aventure céleste • t'attend. ••• Accompagné(e) de ton Ange Gardien, • tu franchis la courte distance • qui te sépare de la petite église blanche. ••• Devant la porte de l'église • t'attend • un vieux moine très sage, • qui ouvre maintenant la porte à ton intention. ••• C'est ta fête aujourd'hui. • Toi seul(e) es autorisé(e), • en compagnie de ton Ange Gardien, • à pénétrer dans ce lieu saint.

Tandis que tu franchis le seuil de l'église, • tu entends les voix aimables • d'un merveilleux chœur d'anges. • Cela te fait chaud au cœur. • Tu te sens aimé(e) • et protégé(e).

Dans l'allée centrale de l'église • se dressent sept grands chandeliers • garnis de sept grands cierges colorés. • Sept anges somptueux • vêtus de couleurs magnifiques • et rayonnants de joie • se tiennent • près des candélabres. • Tandis que tu remontes l'allée centrale, • ils allument successivement • à ton intention • les cierges colorés.

Près du premier chandelier • se tient un ange • en habit scintillant de rouge. • Il te sourit • et allume à présent • un cierge rouge à ton intention. • Celui-ci irradie une douce lumière rouge • qui fortifie. • Cette lumière • te donne de la force, • du courage • et te relie à la terre. • L'air autour de toi • luit à présent aussi de cette lumière rouge. • Inspire profondément • cette énergie rouge • curative et, • à l'expiration, • laisse-la s'écouler • à travers ton chakra racine.

À côté du chandelier suivant • se tient un ange • en habit rayonnant d'une couleur orange. • Il te regarde avec de doux yeux • et allume maintenant • un cierge orange à ton intention. • Celui-ci irradie • une vive lumière orange. • Cette lumière • te donne la passion, • la joie • et amène un sourire • sur ton visage. • L'air autour de toi • luit maintenant • aussi • de cette lumière orange. • Inspire profondément • cette énergie orange • curative et, • à l'expiration, • laisse-la s'écouler • à travers ton chakra sacré.

À côté du troisième chandelier • se tient un ange aimable • en vêtement jaune d'or. • Il te fait un joyeux clin d'œil • et allume maintenant • un cierge jaune d'or à ton intention. • Celui-ci irradie • une lumière jaune d'or • qui apporte la confiance. • Cette lumière te donne entrain, • joie de vivre • et confiance en toi. • L'air autour de toi • luit à présent aussi • de cette lumière jaune d'or. • Inspire profondément • cette énergie jaune d'or • curative et, • à l'expiration, • laisse-la s'écouler • à travers le chakra de ton plexus solaire.

Près du quatrième chandelier • se tient un ange • en vêtement scintillant de vert, de rose et d'or. • Il te sourit avec amour • et allume à présent • un cierge vert à ton intention. • Celui-ci irradie • une lumière verte apaisante. • Cette lumière • t'apporte la guérison, • la croissance spirituelle • et l'équilibre intérieur. • L'air autour de toi • luit à présent • aussi • de cette lumière verte. • Inspire profondément • cette énergie verte • curative et, • à l'expiration, • laisse-la s'écouler • à travers le chakra de ton cœur.

À côté du cinquième chandelier • se tient un ange • en vêtement scintillant de bleu ciel et d'or. • Il allume maintenant • un cierge bleu ciel à ton intention. • Celui-ci irradie • une lumière d'un bleu céleste. • Cette lumière • amène sur tes lèvres • les paroles qu'il faut • au bon moment. • L'air autour de toi • luit à présent • aussi • de cette lumière bleu ciel. • Inspire profondément • cette énergie bleu ciel • curative et, • à l'expiration, • laisse-la s'écouler • à travers le chakra de ta gorge.

Près du sixième chandelier • se tient un ange flamboyant • en vêtement bleu roi. • Vos regards se croisent • et tu sens • sa profonde communion • avec toi. • Il allume à présent • un cierge bleu roi à ton intention. • Celui-ci irradie • une lumière protectrice bleu roi. • Cette lumière • t'apporte le calme intérieur, • la protection • et fortifie ton intuition. • L'air autour de toi • luit maintenant • aussi • de cette lumière bleu roi. • Inspire profondément • cette énergie bleu roi • curative et, • à l'expiration, • laisse-la s'écouler • à travers ton chakra du front.

Près du septième chandelier • se tient un ange souriant • en habit scintillant de violet. • Il allume maintenant • un cierge violet à ton intention. • Celui-ci irradie • une lumière violette apaisante. • Cette lumière t'apporte la paix intérieure, • fortifie ta foi • et éclaire ta spiritualité. • L'air autour de toi • luit à présent • aussi • de cette lumière violette. • Inspire profondément • cette énergie violette • curative et, • à l'expiration, • laisse-la s'écouler • à travers le chakra de ton front.

Avec ton Ange Gardien, ◦ tu te tiens maintenant ◦ devant un vieil autel magnifique. ◦ Sur l'autel ◦ sont dressés deux grands cierges blancs. ◦ À droite et à gauche ◦ de ces cierges ◦ se tiennent deux anges ◦ aux vêtements d'un blanc immaculé. ◦ Ils te regardent avec amour ◦ et sagesse. ◦ Ils allument à présent le premier cierge blanc ◦ à ton intention. ◦ Le second cierge blanc, ◦ ils l'allument ◦ avec la « flamme de la paix » ◦ à l'intention de tous les hommes. ◦ La lumière ◦ de ces cierges ◦ t'apporte ◦ ainsi qu'à tous les hommes ◦ un calme souverain, ◦ une sécurité absolue ◦ et la paix universelle. ◦ L'air autour de toi ◦ luit maintenant ◦ aussi ◦ de cette lumière blanche. ◦ Inspire profondément ◦ cette énergie blanche ◦ curative et, ◦ à l'expiration, ◦ laisse-la s'écouler ◦ à travers ton chakra couronne. ◦◦◦ Grâce à cette lumière blanche, ◦ tu es relié(e) ◦ à la source divine ◦ de toute vie.

Regarde, ◦ l'église tout entière ◦ rayonne de la lumière bigarrée ◦ des cierges allumés. ◦ Ton Ange Gardien fait un geste de la main et, ◦ derrière l'autel, ◦ une porte de lumière blanche devient visible, ◦ laquelle donne accès ◦ à un escalier d'une blancheur immaculée, ◦ qui te conduit ◦ au temple de la paix et de la miséricorde.

Accompagné(e) de ton Ange Gardien, ◦ tu passes la porte de lumière ◦ et tu gravis à présent ◦ la première marche, ◦ d'un blanc immaculé, ◦ de l'escalier lumineux. ◦ La lumière autour de toi ◦ devient encore plus éblouissante. ◦ Tu sens que, ◦ au bout de cet escalier, ◦ une merveille indescriptible ◦ t'attend.

Gravis maintenant ◦ la deuxième marche ◦ d'un blanc immaculé. ◦ Ne regarde pas en arrière. ◦ Le passé est passé, ◦ seul compte le présent.

Monte sur la troisième marche, • d'un blanc immaculé. • Tu sens • combien ta confiance se renforce.

Gravis à présent la quatrième marche, • d'un blanc immaculé. • Lâche tout ce qui, • jusqu'à présent, • t'a accablé(e). • Inspire la paix et la légèreté et, • à l'expiration, • abandonne tous tes soucis, • laisse s'écouler de toi toute pesanteur • dans la lumière blanche • de la purification • et de la guérison.

Monte maintenant • sur la cinquième marche • d'un blanc immaculé. • Tu es tout à fait détendu(e), • tu te sens bien • et protégé(e).

Gravis maintenant • la sixième marche • d'un blanc immaculé. • L'air autour de toi • devient de plus en plus éblouissant. • Tu te sens porté(e) • et aimé(e) inconditionnellement.

Gravis à présent • la septième marche • d'un blanc immaculé. • Jouis dc cette énergie céleste • curative, • qui te baigne de partout.

Monte à présent • sur la huitième marche • d'un blanc immaculé. • Tu te sens en apesanteur, • libéré(e) • et heureux/heureuse.

Gravis maintenant • la neuvième marche • d'un blanc immaculé. • Ton esprit • est ouvert • et vigilant.

Monte maintenant • sur la dixième marche • d'un blanc immaculé. • Tu ressens l'amour • et la force protectrice des anges • à tes côtés.

Gravis à présent • la onzième marche • d'un blanc immaculé. • Inspire profondément • cette énergie blanche • curative, • et laisse-la s'écouler dans chaque cellule • de ton corps.

Maintenant, • gravis la douzième marche • d'un blanc immaculé. • Ressens l'énergie • de l'accomplissement • et de la perfection • sur cette marche lumineuse.

Tu es maintenant arrivé(e) ◦ devant la porte dorée ◦ qui donne accès au temple de la paix. ◦ Tandis que la porte s'ouvre, ◦ tu ressens l'énergie aimante, ◦ compatissante, ◦ fortifiante ◦ et apaisante ◦ du prince des anges, ◦ Michel. ◦◦◦ En souriant, ◦ ton Ange Gardien te prend par la main et, ◦ ensemble, ◦ vous pénétrez dans le temple de la paix.

La grande salle blanche de la paix ◦ est éclairée par la lumière ◦ d'innombrables cierges incandescents. ◦ De très nombreux anges ◦ ainsi que des représentants de toutes les religions ◦ et de toutes les nationalités ◦ sont assis pacifiquement en cercle. ◦ Ils chantent ◦ et prient ◦ en commun pour la paix. ◦ Ils prient ◦ pour que la flamme divine de l'amour ◦ et de la paix ◦ croisse et grandisse ◦ dans le cœur ◦ de tous les hommes ◦ afin que les hommes vivent l'amour ◦ et la paix.

Un ange majestueux ◦ et puissant ◦ s'avance vers toi ◦ en rayonnant. ◦ C'est le prince des anges de la paix ◦ et de la miséricorde. ◦ Michel ◦ est initié ◦ aux plus profonds mystères. ◦ Il connaît les champs de bataille cachés des âmes ◦ et conduit celles-ci ◦ sur le chemin ◦ de l'éternité. ◦ Il est aussi au courant ◦ des éléments profonds ◦ de ta vie. ◦ Il te regarde avec amour ◦ et sagesse. ◦ Va vers lui ◦ et salue-le aimablement.

Michel te conduit ◦ dans le jardin de la paix. ◦ Dans ce jardin, ◦ tout étincelle et luit ◦ dans les teintes les plus célestes. ◦ Toutes les plantes ont somptueusement poussé ◦ et les fleurs scintillent des couleurs les plus belles, ◦ telles que tu n'en as encore jamais vues. ◦ Le soleil déverse ses rayons ◦ d'un jaune doré. ◦ Un arc-en-ciel lumineux ◦ irradie ◦ depuis la voûte céleste bleu ciel ◦ et nacrée.

Tous les êtres vivants, ◦ dans ce jardin paradisiaque, ◦ sont pacifiques, ◦ heureux ◦ et s'aiment les uns les autres. ◦◦◦ Tu es tout à fait détendu(e), ◦ tu te sens bien ◦ et protégé(e).

Michel te déclare :

Les hommes doivent se parler • franchement • et honnêtement • afin que la paix puisse naître. • Les sentiments • qui ne sont pas exprimés • vous séparent les uns des autres. • La paix • implique l'amour, • l'amitié, • la protection, • la conciliation • et le respect. • Seul celui • qui gère honnêtement ses propres sentiments, • qui se respecte lui-même et respecte ses sentiments, • qui est capable de faire des compromis avec lui-même • et ainsi de vivre en paix avec lui-même, • seul cet homme-là peut aussi créer la paix à l'extérieur.

Michel • te prend par la main • et te conduit vers un très vieil arbre, • vigoureux et apaisant. • Assieds-toi avec confiance • dans l'herbe tendre • sous l'arbre, • et laisse-toi guérir par l'énergie • aimante • et pacifique • de Michel. ••• Si tu le désires, • tu peux lui poser une question • ou lui demander conseil.

Courte pause (5 à 20 minutes pour les adultes).

Tout doucement • vient le moment • où tu dois revenir.

Tandis que Michel te ramène du temple, il te déclare :

Si tu es en mesure • d'être compatissant envers toi-même, • tu peux témoigner à ton prochain • une totale tendresse • et une totale compassion, • sans rien attendre de lui en retour. • Il peut alors • accepter ton aide • sans avoir mauvaise conscience. • Être miséricordieux, • c'est se comporter avec tendresse • et compassion • envers soi-même • et envers son prochain.

Avec un embrassement plein d'amour, • tu remercies Michel • et tu prends congé de lui • pour aujourd'hui.

En souriant, • ton Ange Gardien te prend par la main, • te refait passer la porte dorée • et te ramène sur la douzième marche • de l'escalier d'un blanc immaculé.

Redescends maintenant • lentement • les marches blanches. • Pose le pied sur la onzième marche, ••• puis sur la dixième marche, ••• la neuvième marche, ••• la huitième marche, ••• continue sur la septième marche, ••• sur la sixième marche, ••• puis sur la cinquième marche, ••• sur la quatrième marche, ••• la troisième marche, ••• pose à présent le pied sur la deuxième marche ••• et sur la première marche. ••• Descends maintenant sur le sol de l'église.

Accompagné(e) de ton Ange Gardien, • tu traverses la porte de lumière • devant l'autel. ••• Ton Ange Gardien fait un geste de la main • et la porte de lumière • redevient invisible • pour toi. ••• Sur l'autel • se dressent les deux grands cierges blancs. • Les anges • en vêtements blancs immaculés • éteignent à présent • le premier • des deux cierges blancs. • Le second cierge, • le cierge de la paix pour tous les hommes, • continue de brûler sous leur protection.

Tandis que tu reprends l'allée centrale vers la sortie, • les anges éteignent • successivement • les cierges.

L'ange • en vêtement violet scintillant • éteint maintenant • le cierge violet.

L'ange resplendissant • en vêtement bleu roi • éteint maintenant • le cierge bleu roi.

L'ange • en habit chatoyant de bleu ciel et d'or • éteint à présent • le cierge bleu ciel.

L'ange • aux vêtements scintillant de vert, de rose et d'or • éteint à présent • le cierge vert.

L'ange • habillé de jaune d'or • éteint maintenant • le cierge jaune d'or.

L'ange • en habit rayonnant d'orange • éteint à présent • le cierge orange.

Enfin, • l'ange en vêtement scintillant de rouge • éteint • le cierge rouge.

En souriant, • les anges te font un clin d'œil • en signe d'adieu. ••• Main dans la main, • tu repasses avec ton Ange Gardien • la porte de l'église • et tu reprends le chemin de ta plage. ••• Le vieux moine • te fait un aimable clin d'œil • et referme derrière toi • la porte de l'église.

Heureux/heureuse • et satisfait(e), • tu es maintenant prêt(e) • à revenir • dans ton quotidien.

POSTLUDE

Maintenant, • inspire et expire profondément. ••• Tu sens • que tu t'éveilles lentement • et reviens dans le quotidien. ••• Respire encore une fois • profondément. • À présent, • tu sens de nouveau ton corps, ••• tes bras ••• et tes jambes. ••• Inspire et expire encore une fois profondément. • Remue lentement tes bras, ••• tes mains, ••• tes jambes, ••• étire-toi, • ouvre lentement les yeux • et, • joyeux/joyeuse et reposé(e), • reviens dans ton quotidien.

RAPHAËL

Qui est Raphaël ? Son nom signifie « Dieu guérit ».
Raphaël est l'ange des guérisons miraculeuses.
Il transmet à Dieu les prières des hommes.

L'une des conditions les plus importantes pour une guérison miraculeuse, est la foi en l'amour de Dieu. Si tu ne crois pas en la puissance et en la grâce de l'amour, comment le miracle de la guérison pourrait-il se produire ? Ouvre ton âme avec confiance pour admettre la lumière et l'amour de Dieu. Dans la lumière de l'amour, tout est possible ! Quand l'âme est prête, les miracles peuvent arriver !

PRÉLUDE

Étends-toi très détendu(e), • étire tes jambes • et laisse retomber tes pieds • lentement vers l'extérieur. ••• Tes bras • reposent relaxés • sur les côtés. • Ferme les yeux, • inspire • et expire calmement. • Sens • combien tu deviens • plus calme • à chaque respiration. • À chaque expiration, • tu lâches • tout ce qui t'a occupé(e) • jusqu'ici. ••• Laisse défiler tes pensées • comme de petits nuages blancs • dans un ciel ensoleillé. ••• La pression • en toi-même • devient plus légère • et s'écoule avec l'expiration. ••• À l'inspiration, • tu respires la légèreté • et la liberté, • qui te facilitent • l'accès • à la profondeur de ton être. ••• Tu te sens calme • et satisfait(e), • tu es totalement relaxé(e). ••• Maintenant, • tu peux voyager en imagination • dans le royaume • des anges.

MÉDITATION

Imagine • que tu te trouves sur un merveilleux alpage. • C'est une journée de printemps • agréablement chaude. • Le soleil déverse ses rayons d'or, • l'air est clair et pur. • De petits nuages moutonneux • déambulent tranquillement • dans un ciel bleu rayonnant. ••• Tu peux sentir • le parfum des herbes d'été. • Tu es tout à fait détendu(e), • tu te sens bien • et protégé(e).

Au-dessus de l'alpage, • tu vois la montagne. • De grands et de petits chamois • gambadent au-dessus des buissons printaniers en fleurs • et grimpent adroitement sur les parois rocheuses. • À ta droite, • tu aperçois un étroit sentier de montagne, • qui conduit vers le sommet enneigé.

Tandis que tu considères le chemin, • tu sens • ton Ange Gardien s'approcher de toi. • C'est une sensation bienfaisante • que de ressentir son amour, • sa proximité • et la confiance qu'il a en toi. • Salue-le • et jouis • de son embrassement plein d'amour.

Aujourd'hui, • ton Ange Gardien voudrait t'emmener dans un voyage très spécial. • Il voudrait te présenter Raphaël, • l'ange des guérisons miraculeuses. ••• Tu te réjouis beaucoup • et tu sens • qu'une aventure pleine de mystère t'attend. ••• Accompagné(e) de ton Ange Gardien, • tu suis le sentier de montagne en direction du sommet. • Après quelques pas, • ton Ange Gardien fait un geste de la main et, • au bord du chemin, • huit anges radieux • en vêtements colorés somptueux • deviennent visibles pour toi. • Dans leurs gracieuses mains, • ils portent huit cierges de couleur, • qu'ils allument successivement • à ton intention.

Va vers le premier ange. • Il porte un vêtement rouge étincelant, • te sourit aimablement • et allume à présent un cierge rouge • à ton intention. • Une lumière douce • revigorante • jaillit. • Cette lumière • te donne de la force, • du courage • et te relie à la terre. • L'air autour de toi • luit maintenant • aussi • de cette lumière rouge. • Inspire profondément • cette énergie rouge •

curative et, • à l'expiration, • laisse-la s'écouler • à travers ton chakra racine.

Tu fais trois pas ••• et te tiens à présent • devant un ange • en vêtement orange lumineux. • Il te regarde avec de doux yeux • et allume maintenant • un cierge orange à ton intention. • Celui-ci rayonne • d'une lumière orange radieuse. • Cette lumière • te donne la passion, • la gaieté • et amène un sourire • sur ton visage. • L'air autour de toi • luit à présent • aussi • de cette lumière orange. • Inspire profondément • cette énergie orange • curative et, • à l'expiration, • laisse-la s'écouler • à travers ton chakra sacré.

Fais trois autres pas. ••• Tu te tiens maintenant • devant un ange aimable • en habit jaune d'or. • Il te fait un clin d'œil joyeux • et allume à présent • un cierge jaune d'or • à ton intention. • Celui-ci rayonne • d'une lumière jaune d'or • qui apporte la confiance. • Cette lumière • te donne la joie de vivre, • l'entrain • et la confiance en toi. • L'air autour de toi • luit maintenant • aussi • de cette lumière jaune d'or. • Inspire profondément • cette énergie jaune d'or • curative et, • à l'expiration, • laisse-la s'écouler • à travers le chakra de ton plexus solaire.

Après trois autres pas, ••• tu te tiens devant un ange • en vêtement scintillant de vert, de rose et d'or. • Il te sourit avec amour • et allume maintenant • un cierge vert • à ton intention. • Celui-ci rayonne • d'une lumière verte apaisante. • Cette lumière t'apporte la guérison, • la croissance spirituelle • et l'équilibre intérieur. • L'air autour de toi • luit maintenant • aussi • de cette lumière verte. • Inspire profondément • cette énergie verte • curative et, • à l'expiration, • laisse-la s'écouler • à travers ton chakra du cœur.

Tu fais trois nouveaux pas ••• et te tiens à présent • devant un ange souriant • en vêtement chatoyant • bleu ciel et or. • Il allume maintenant • un cierge bleu ciel • à ton intention. • Celui-ci rayonne d'une lumière d'un bleu céleste. • Cette lumière • amène sur tes lèvres • les mots qu'il faut • au bon moment. • L'air autour de toi • luit à présent • aussi • de cette lumière bleu ciel. • Inspire profondément • cette énergie bleu ciel • curative et, • à l'expiration, • laisse-la s'écouler • à travers le chakra de ta gorge.

Fais encore une fois trois pas. ••• Tu te tiens maintenant • devant un ange rayonnant • en habit bleu roi. • Vos regards se croisent • et tu sens • sa profonde solidarité avec toi. • Il allume à présent • un cierge bleu roi • à ton intention. • Celui-ci rayonne • d'une lumière bleu roi protectrice. • Cette lumière • t'apporte calme intérieur • protection • et fortifie ton intuition. • L'air autour de toi • luit à présent • aussi • de cette lumière bleu roi. • Inspire profondément • cette énergie bleu roi • curative et, • à l'expiration, • laisse-la s'écouler • à travers le chakra de ton front.

Tu fais trois autres pas • et te tiens à présent • devant un ange qui te sourit aimablement, • en vêtement violet étincelant. • Il allume maintenant • un cierge violet • à ton intention. • Celui-ci rayonne • d'une lumière violette apaisante. • Cette lumière • t'apporte la paix intérieure, • elle fortifie ta foi • et éclaire ta spiritualité. • L'air autour de toi • luit • aussi • de cette lumière violette. • Inspire profondément • cette énergie violette • curative et, • à l'expiration, • laisse-la s'écouler • à travers ton chakra du front.

Fais encore une fois trois pas. • À présent, • tu te tiens devant un ange somptueux • en vêtement blanc immaculé. • Il allume maintenant • un grand cierge blanc à ton intention. • Celui-ci rayonne • d'une lumière blanche immaculée. • Cette lumière • t'apporte la paix universelle, • un calme souverain • et la sécurité totale. • L'air autour de toi • luit à présent • aussi • de cette lumière blanche. • Inspire profondément • cette énergie blanche • apaisante et, • à l'expiration, • laisse-la s'écouler • à travers ton chakra couronne. ••• Grâce à la lumière blanche, • tu es relié(e) • à la source divine • de toute vie !

L'ange • en vêtement blanc immaculé • allume encore • un grand cierge doré. • La lumière de ce cierge • éclaire le chemin caché • qui mène à un escalier blanc lumineux, • lequel te conduit au temple des guérisons miraculeuses. ••• Accompagné(e) de ton Ange Gardien, • tu franchis les quelques mètres • qui mènent à l'escalier blanc.

Gravis maintenant • la première marche blanche immaculée • de l'escalier lumineux. • L'air autour de toi • devient encore plus lumineux. • Tu sens • que quelque chose d'indescriptible et de merveilleux • t'attend au bout de cet escalier.

Gravis à présent • la deuxième marche • d'un blanc immaculé. • Ne regarde pas en arrière. • Le passé • est passé, • seul le présent compte.

Monte sur la troisième marche • d'un blanc immaculé. • Tu sens • que ta confiance • devient de plus en plus forte.

Monte à présent sur la quatrième marche • d'un blanc immaculé. • Abandonne tout • ce qui t'a pesé • jusqu'à maintenant. • Inspire la paix • et la légèreté et, • à l'expiration, • lâche tous tes soucis, • laisse s'écouler de toi • tout ce qui est lourd • dans la lumière blanche • de la purification • et de la guérison.

Gravis maintenant • la cinquième marche • d'un blanc immaculé. • Tu es tout à fait détendu(e), • tu te sens bien • et protégé(e).

Gravis à présent • la sixième marche • d'un blanc immaculé. • L'air autour de toi • devient de plus en plus lumineux. • Tu te sens porté(e) • et aimé(e) sans réserve.

Gravis maintenant • la septième marche • d'un blanc immaculé. • Jouis de cette énergie céleste • curative • qui t'entoure de toute part.

Monte à présent • sur la huitième marche • d'un blanc immaculé. • Tu te sens en apesanteur, • libéré(e) • et heureux/heureuse.

Monte maintenant • sur la neuvième marche • d'un blanc immaculé. • Ton esprit est ouvert • et vigilant.

Gravis à présent • la dixième marche • d'un blanc immaculé. • Tu ressens l'amour • et la force protectrice des anges • à tes côtés.

Gravis maintenant • la onzième marche • d'un blanc immaculé. • Inspire profondément • cette énergie blanche • curative • et laisse-la s'écouler • dans chaque cellule • de ton corps.

Monte à présent • sur la douzième marche • d'un blanc immaculé. • Ressens l'énergie • de l'accomplissement • et de la perfection • sur cette marche de lumière.

Tu es maintenant • arrivé(e) devant la porte dorée • du temple des guérisons miraculeuses. • Tandis que la porte s'ouvre tout doucement, • tu sens l'énergie aimante, • vivifiante • et curative • de Raphaël, • l'Ange des Guérisons miraculeuses.

Ton Ange Gardien te prend par la main en souriant et, • ensemble, • vous pénétrez dans le temple des guérisons miraculeuses. ••• Tu te tiens maintenant • dans une grande salle • circulaire • et tu vois d'innombrables portes • qui conduisent dans divers locaux de guérison. ••• Devant chacune de ces portes • se tient un ange somptueux • qui soutient • les diverses formes de guérison • par ses prières.

Il y a le local de guérison par la prière, • le local de guérison par la foi, • le local de guérison par l'homéopathie, • le local de guérison par les herbes et les plantes, • le local de guérison par les couleurs, • le local de guérison par les sons, • le local de guérison par la parole, • le local de guérison par la médecine d'école, • le local de guérison par l'amour • et bien d'autres locaux de guérison encore. • Dans chacun de ces locaux, • le miracle de la guérison est possible.

Au milieu de la grande salle circulaire • se dresse une pyramide de lumière. • Devant la pyramide de lumière, • tu aperçois Raphaël, • l'Ange des Guérisons miraculeuses. • Il te regarde avec amour • et sagesse. • Va vers lui • et salue-le aimablement.

Raphaël te déclare :

L'une • des conditions essentielles • pour une guérison miraculeuse • est la foi en l'amour de Dieu. • Si tu ne crois pas au pouvoir • et à la grâce de l'amour, • comment le miracle de la guérison pourrait-il se produire ? • Ouvre ton âme • avec confiance • pour y recevoir la lumière • et l'amour de Dieu. • Dans la lumière de l'amour, • tout est possible. • Quand l'âme est prête, • les miracles peuvent se produire !

À l'intérieur de la pyramide • se trouve un sofa • fait de lumière blanche immaculée. • Étends-toi avec confiance sur ce sofa, • il te portera avec sûreté.

Ouvre-toi • au miracle de la guérison. • Jouis • de l'énergie pleine d'amour • et curative de Raphaël.

Si tu le désires, • tu peux lui poser une question • ou lui demander conseil.

Courte pause (de 5 à 20 minutes pour les adultes).

Tout doucement • vient le moment • où tu dois revenir.

Raphaël te prend par la main • et se dirige avec toi vers une porte. • Sur cette porte • est écrit le nom d'une thérapeutique, • d'une forme de guérison • qui peut t'aider • ou aider une personne que tu aimes. • Emporte cette information chez toi, • remercie Raphaël • et prends congé de lui • pour aujourd'hui. ••• Si tu as besoin de l'aide de Raphaël, • parle-lui en pensée. • Sa réponse • te trouvera toujours.

En souriant, • ton Ange Gardien te prend par la main • et te conduit sur le chemin du retour, • par la porte dorée, • sur la douzième marche • de l'escalier d'un blanc immaculé. • L'énergie de l'amour, • de la guérison, • du courage, • de la force, • de la joie de vivre • et de la confiance • t'accompagne.

Descends maintenant • lentement • les marches blanches. • Pose le pied sur la onzième marche, ••• puis sur la dixième marche, ••• la neuvième marche, ••• la huitième marche, ••• continue sur la septième marche, ••• la sixième marche, ••• puis sur la cinquième marche, ••• sur la quatrième marche, ••• la troisième marche, ••• pose à présent le pied sur la deuxième marche, ••• et enfin sur la première marche. ••• Foule maintenant le sol • du chemin de montagne.

L'ange somptueux • en vêtement blanc immaculé • éteint le grand cierge doré, • et le chemin • menant à l'escalier blanc lumineux • redevient invisible à tes yeux.

Tandis que tu prends le chemin du retour • vers l'alpage, • les anges éteignent successivement • les cierges multicolores.

L'ange somptueux • en vêtement blanc immaculé • éteint à présent • le cierge blanc.

L'ange • en habit violet scintillant • éteint maintenant le cierge violet.

L'ange radieux • en vêtement bleu roi • éteint à son tour • le cierge bleu roi.

L'ange • en vêtement bleu ciel chamarré d'or • éteint à présent • le cierge bleu ciel.

L'ange • en habit chatoyant de vert, de rose et d'or • éteint maintenant • le cierge vert.

L'ange • en vêtement jaune d'or • éteint à présent • le cierge jaune d'or.

L'ange • en habit orange lumineux • éteint à son tour • le cierge orange.

Enfin, • l'ange en habit rouge étincelant • éteint le cierge rouge.

Rayonnant de joie, • les anges te font un clin d'œil • en signe d'adieu. ••• Ton Ange Gardien fait un geste de la main • et les huit anges somptueux • dans leurs vêtements colorés lumineux • redeviennent invisibles pour toi. ••• Accompagné(e) de ton Ange Gardien, • tu fais quelques pas sur l'alpage. ••• Heureux/

heureuse • et détendu(e), • tu es maintenant prêt(e) • à revenir • dans ton quotidien.

POSTLUDE

Maintenant, • inspire et expire profondément. ••• Tu sens • que tu t'éveilles lentement • et reviens dans le quotidien. ••• Respire encore une fois • profondément. • À présent, • tu sens de nouveau ton corps, ••• tes bras ••• et tes jambes. ••• Inspire et expire encore une fois profondément. • Remue lentement tes bras, ••• tes mains, ••• tes jambes, ••• étire-toi, • ouvre lentement les yeux • et, • joyeux/joyeuse et reposé(e), • reviens dans ton quotidien.

URIEL

Qui est Uriel ? Son nom signifie « Dieu est lumière ».
Toute lumière, si petite soit-elle, chasse les ténèbres.
Elle éclaire le chemin qui traverse l'obscurité !

Sois une lumière pour les autres et aide-les à faire briller
leur lumière dans ton entourage afin que le monde
soit de plus en plus rayonnant et de plus en plus clair.

PRÉLUDE

Étends-toi très détendu(e), • étire tes jambes • et laisse retomber tes pieds • lentement vers l'extérieur. ••• Tes bras • reposent relaxés • sur les côtés. • Ferme les yeux, • inspire • et expire calmement. • Sens • combien tu deviens • plus calme • à chaque respiration. • À chaque expiration, • tu lâches • tout ce qui t'a occupé(e) • jusqu'ici. ••• Laisse défiler tes pensées • comme de petits nuages blancs • dans un ciel ensoleillé. ••• La pression • en toi-même • devient plus légère • et s'écoule avec l'expiration. ••• À l'inspiration, • tu respires la légèreté • et la liberté, • qui te facilitent • l'accès • à la profondeur de ton être. ••• Tu te sens calme • et satisfait(e), • tu es totalement relaxé(e). ••• Maintenant, • tu peux voyager en imagination • dans le royaume • des anges.

MÉDITATION

Imagine • que tu te trouves dans une merveilleuse prairie. • C'est une nuit d'été étoilée • agréablement chaude. • Des millions d'étoiles • scintillent sur la voûte céleste bleu roi. • La pleine lune • argentée • inonde la terre • de ses rayons clairs.

Doucement, • le vent caresse ta chevelure. • Le rossignol • chante à ton intention • une aimable chanson, • et des vers luisants • dansent dans l'air transparent de cette nuit d'été. ••• Tu es tout à fait détendu(e), • tu te sens bien • et protégé(e).

Tandis que tu observes la danse des vers luisants, • tu sens • ton Ange Gardien s'approcher de toi. • C'est une sensation bienfaisante • que de ressentir son amour, • sa proximité • et la confiance qu'il a en toi. • Salue-le • et jouis • de son embrassement plein d'amour.

Aujourd'hui, • ton Ange Gardien voudrait • t'emmener dans un voyage très particulier. • Il voudrait te présenter l'archange Uriel. • Tu te réjouis beaucoup • et tu sens • qu'une merveilleuse aventure t'attend.

Ton Ange Gardien te prend par la main • et se dirige avec toi • vers un bouquet d'arbres. • Ce bouquet d'arbres • est constitué de sapins • qui forment un grand cercle.

Tu te tiens maintenant • devant le premier arbre. • Ton Ange Gardien fait un geste de la main • et devant les sapins • huit anges merveilleusement rayonnants • en vêtements colorés • deviennent visibles pour toi. • Dans leurs gracieuses mains, • ils portent huit cierges multicolores, • qu'ils allument successivement • à ton intention.

À ta gauche, • devant le premier sapin, • se tient un ange • en vêtement scintillant de rouge. • Il te sourit • et allume maintenant • un cierge rouge à ton intention. • Une douce lumière rouge, • revigorante, • jaillit. • Cette lumière • te donne de la force, • du courage • et te relie à la terre. • L'air autour de toi • luit à présent • aussi • de cette lumière rouge. • Inspire profondément • cette énergie rouge • curative et, • à l'expiration, • laisse-la s'écouler • à travers ton chakra racine.

Devant le sapin suivant • se tient un ange • en habit orange lumineux. • Il te regarde avec de doux yeux • et allume à présent • un cierge orange à ton intention. • Celui-ci irradie • une vive lumière orange. • Cette lumière • te donne la passion, • la gaieté • et amène un sourire • sur ton visage. • L'air autour de toi • luit maintenant • aussi • de cette lumière orange. • Inspire profondément • cette énergie orange • curative et, • à l'expiration, • laisse-la s'écouler • à travers ton chakra sacré.

Devant le troisième sapin • se tient un ange aimable • en habit jaune d'or. • Il te fait un clin d'œil joyeux • et allume maintenant • un cierge jaune d'or à ton intention. • Celui-ci irradie • une lumière jaune d'or • qui apporte la confiance. • Cette lumière • te donne l'entrain, • la joie de vivre • et la confiance en toi. • L'air autour de toi • luit à présent • aussi • de cette lumière jaune d'or. • Inspire profondément • cette énergie jaune d'or • curative et, • à l'expiration, • laisse-la s'écouler • à travers le chakra de ton plexus solaire.

Devant le quatrième sapin • se tient un ange • en habit scintillant de vert, de rose et d'or. • Il te sourit avec amour • et allume maintenant • un cierge vert à ton intention. • Celui-ci irradie • une lumière verte • apaisante. • Cette lumière • t'apporte la guérison, • la croissance spirituelle • et l'équilibre intérieur. • L'air autour de toi • luit à présent • également • de cette lumière verte. • Inspire profondément • cette énergie verte • curative et, • à l'expiration, • laisse-la s'écouler • à travers le chakra de ton cœur.

Devant le cinquième sapin • se tient un ange • en vêtement scintillant de bleu ciel et d'or. • Il allume à présent • un cierge bleu ciel à ton intention. • Celui-ci irradie • une lumière d'un bleu céleste. • Cette lumière • amène sur tes lèvres • les mots qu'il faut • au bon moment. • L'air autour de toi • luit maintenant • aussi • de cette lumière bleu ciel. • Inspire profondément • cette énergie bleu ciel • curative et, • à l'expiration, • laisse-la s'écouler • à travers le chakra de ta gorge.

Devant le sixième sapin • se tient un ange radieux • en vêtement bleu roi. • Vos regards se croisent • et tu ressens • sa profonde solidarité avec toi. • Il allume maintenant • un cierge bleu roi. • Celui-ci irradie • une lumière bleu roi • protectrice. • Cette lumière • t'apporte le calme intérieur, • la protection • et fortifie ton intuition. • L'air autour de toi • luit à présent • également • de cette lumière bleu roi. • Inspire profondément • cette énergie bleu roi • curative et, • à l'expiration, • laisse-la s'écouler • à travers ton chakra du front.

Devant le septième sapin • se tient un ange plein d'amour • vêtu d'un habit violet scintillant. • Il allume à présent • un cierge violet à ton intention. • Celui-ci irradie • une lumière violette apaisante. • Cette lumière • t'apporte la paix intérieure, • fortifie ta foi • et éclaire ta spiritualité. • L'air autour de toi • brille maintenant • aussi • de cette lumière violette. • Inspire profondément • cette énergie violette • curative et, • à l'expiration, • laisse-la s'écouler • à travers le chakra de ton front.

Devant le huitième sapin, • à ta droite, • se tient un ange somptueux • en vêtement blanc immaculé. • Il allume maintenant • un grand cierge à ton intention. • Celui-ci irradie • une lumière blanche immaculée. • Cette lumière • t'apporte la paix universelle, • le calme souverain • et la sécurité absolue. • L'air autour de toi • luit à présent • aussi • de cette lumière blanche. • Inspire profondément ◦ cette énergie blanche ◦ curative et, ◦ à l'expiration, ◦ laisse-la s'écouler ◦ à travers ton chakra couronne. ◦◦◦ Grâce à la lumière blanche, ◦ tu es relié(e) à la source divine ◦ de toute vie.

Ton Ange Gardien entonne une mélodie, ◦ et un merveilleux chœur d'anges retentit. ◦ Grâce à cette énergie, ◦ une colonne de lumière blanche rayonnante ◦ devient visible pour toi ◦ au milieu du cercle d'arbres. ◦ Elle libère un escalier blanc lumineux ◦ qui te conduit au temple de la lumière.

Accompagné(e) de ton Ange Gardien, ◦ tu franchis les quelques pas ◦ qui te séparent de l'escalier blanc lumineux.

Gravis à présent ◦ la première marche, ◦ d'un blanc immaculé, ◦ de l'escalier lumineux. ◦ L'air autour de toi ◦ devient encore plus éclatant. ◦ Tu sens ◦ que quelque chose d'indescriptible et de merveilleux ◦ t'attend.

Gravis maintenant ◦ la deuxième marche, ◦ d'un blanc immaculé. ◦ Ne regarde pas en arrière. ◦ Le passé est passé, ◦ seul compte le présent.

Monte sur la troisième marche ◦ d'un blanc immaculé. ◦ Tu sens ◦ ta confiance ◦ devenir de plus en plus forte.

Monte à présent sur la quatrième marche ◦ d'un blanc immaculé. ◦ Lâche tout ◦ ce qui t'a pesé jusqu'à maintenant. ◦ Inspire la paix et la légèreté et, ◦ à l'expiration, ◦ abandonne tous tes soucis, ◦ laisse s'écouler hors de toi ◦ tout ce qui est lourd ◦ dans la lumière blanche ◦ de la purification ◦ et de la guérison.

Gravis à présent ◦ la cinquième marche ◦ d'un blanc immaculé. ◦ Tu es tout à fait détendu(e), ◦ tu te sens bien ◦ et protégé(e).

Gravis maintenant • la sixième marche • d'un blanc immaculé. • L'air autour de toi • devient de plus en plus rayonnant. • Tu te sens porté(e) et aimé(e) sans raison.

Monte maintenant sur la septième marche • d'un blanc immaculé. • Jouis de cette énergie céleste • curative • qui t'entoure de toute part.

Monte à présent sur la huitième marche • d'un blanc immaculé. • Tu te sens en apesanteur, • libéré(e) • et heureux/heureuse.

Gravis à présent • la neuvième marche • d'un blanc immaculé. • Ton esprit • est ouvert • et vigilant.

Gravis maintenant • la dixième marche • d'un blanc immaculé. • Tu ressens l'amour • et la force protectrice des anges • à tes côtés.

Monte maintenant • sur la onzième marche • d'un blanc immaculé. • Inspire profondément • cette énergie blanche • curative • et laisse-la s'écouler • dans chaque cellule • de ton corps.

Gravis à présent • la douzième marche • d'un blanc immaculé. • Ressens l'énergie • de l'accomplissement • et de la perfection • sur cette marche de lumière.

Tu es maintenant parvenu(e) • devant la porte dorée • du temple de la lumière. • Tandis que la porte s'ouvre doucement, • tu ressens l'énergie aimante, • vivifiante • et éclairante • de l'archange Uriel.

En souriant, • ton Ange Gardien te prend par la main et, • ensemble, • vous pénétrez dans le temple de la lumière. ••• Tu te tiens maintenant • dans une grande salle • rayonnante de clarté, • scintillant de blanc et d'or. ••• Partout, • où que tu portes ton regard, • cela scintille, • étincelle • et luit. • Au milieu de la salle ◦ resplendit « la flamme éternelle ». ◦ Autour de la flamme éternelle ◦ brûlent des millions de cierges blancs ◦ de toutes les tailles. ◦ Beaucoup de cierges s'éteignent ◦ et sont emportés ◦ par des anges aimables ◦ dans une autre pièce. ◦ De nouveaux cierges ◦ sont apportés dans la salle ◦ et allumés avec amour. ◦◦◦ Ici, ◦ dans le temple de la lumière, ◦ règne une douce ◦ et paisible atmosphère, ◦ remplie d'amour. ◦ Tu es tout à fait détendu(e), ◦ tu te sens bien ◦ et protégé(e).

Un peu plus loin dans la salle, ◦ tu aperçois l'archange Uriel. ◦ Il te regarde avec amour ◦ et sagesse. ◦ Va vers lui ◦ et salue-le aimablement.

Il te déclare :

Avec chaque enfant ◦ vient une nouvelle lumière dans le monde ! ◦ Avec chaque lumière, ◦ le monde devient plus clair ◦ et plus chaud. ◦ Découvre la lumière ◦ dans tout ce qui est. ◦ Dans chaque fleur, ◦ dans chaque brin d'herbe, ◦ dans les pierres, ◦ dans les étoiles, ◦ dans l'eau, ◦ dans l'air, ◦ dans chaque animal ◦ et dans chaque être humain. ◦ Découvre l'amour ◦ et la lumière ◦ de la création tout entière, ◦ toute la beauté ◦ que t'offre le monde.

L'archange Uriel ◦ te conduit dans la pièce thérapeutique de la lumière. ◦ Il y a là ◦ un merveilleux divan ◦ fait de lumière ◦ aux couleurs de l'arc-en-ciel. ◦ Étends-toi avec confiance ◦ sur ce divan, ◦ il te portera avec sûreté. ◦◦◦ Tu es tout à fait détendu(e), ◦ tu te sens bien ◦ et protégé(e).

Uriel tient les mains au-dessus de ton corps, ◦ te parle ◦ et te prie :

Laisse la lumière divine ◦ de l'amour universel ◦ s'écouler ◦ maintenant ◦ dans chacune de tes cellules ◦ et guérir ton corps. ◦ Laisse la lumière divine • de l'amour universel • luire • dans chaque vallée sombre • de ton âme, de telle sorte que ton âme puisse guérir. • Laisse la lumière divine • de l'amour universel • éclairer ton esprit • et ton cœur • afin que ton esprit • et ton cœur puissent guérir. • Permets • que le miracle de la guérison • puisse s'opérer.

Jouis • de cette guérison pleine d'amour • avec l'archange Uriel. ••• Si tu le souhaites, • tu peux lui poser une question • ou lui demander conseil.

Courte pause (5 à 20 minutes pour les adultes).

Tout doucement • vient le moment • où tu dois revenir.

L'archange Uriel prend congé de toi avec ces mots :

Découvre ta propre beauté, • ta propre lumière, • unique • et rayonnante. • Sois une lumière pour les autres • et aide-les • à découvrir • leur propre lumière, • unique • et rayonnante, • de manière que le monde, • grâce à la lumière de tous les hommes, • devienne de plus en plus clair • et de plus en plus lumineux.

Rayonnant(e) de joie, • et avec un embrassement plein d'amour, • tu le remercies. • Prends congé pour aujourd'hui • de l'archange Uriel.

En souriant, • ton Ange Gardien te prend par la main • et te conduit sur le chemin du retour, • par la porte dorée, • sur la douzième marche • de l'escalier d'un blanc immaculé. • L'énergie de l'amour • et de la lumière • t'accompagne.

À présent, • descends lentement les marches blanches. • Pose le pied sur la onzième marche, ••• puis sur la dixième marche, ••• la neuvième marche, ••• la huitième marche, ••• descends sur la septième marche, ••• la sixième marche, ••• puis sur la cinquième marche, ••• la quatrième marche, ••• la troisième marche, •••

pose maintenant le pied sur la deuxième marche ••• et enfin sur la première marche. ••• Descends à présent • de la première marche • pour te retrouver • dans la prairie • au milieu du cercle d'arbres.

Accompagné(e) de ton Ange Gardien, • tu franchis les quelques pas • qui te séparent • du premier sapin. • Le chœur d'anges fredonne une merveilleuse mélodie • et la colonne de lumière • redevient invisible pour toi. • Successivement, • les anges éteignent • les cierges multicolores.

À ta droite, • devant le huitième sapin, • se tient le somptueux ange • en vêtement d'un blanc immaculé. • Il éteint maintenant • le cierge blanc.

L'ange • en vêtement violet scintillant • éteint à présent • le cierge violet.

L'ange rayonnant • en habit bleu roi • éteint maintenant • le cierge bleu roi.

L'ange • en vêtement chatoyant de bleu ciel et d'or • éteint à présent • le cierge bleu ciel.

L'ange • en habit scintillant de vert, de rose et d'or • éteint maintenant • le cierge vert.

L'ange • en vêtement jaune d'or • éteint à présent • le cierge jaune d'or.

L'ange • en vêtement d'un orange éclatant • éteint maintenant • le cierge orange.

Le cercle est à présent accompli, • et l'ange en vêtement rouge scintillant, • qui se tient à ta gauche, • éteint pour finir • le cierge rouge.

Ton Ange Gardien fait un geste de la main • et les huit anges rayonnants • dans leurs vêtements colorés • redeviennent invisibles à tes yeux. ••• Avec ton Ange Gardien, • tu fais quelques pas • dans la prairie. ••• Heureux/heureuse • et satisfait(e), • tu es maintenant prêt(e) • à revenir • dans ton quotidien.

POSTLUDE

Maintenant, • inspire et expire profondément. ••• Tu sens • que tu t'éveilles lentement • et reviens dans le quotidien. ••• Respire encore une fois • profondément. • À présent, • tu sens de nouveau ton corps, ••• tes bras ••• et tes jambes. ••• Inspire et expire encore une fois profondément. • Remue lentement tes bras, ••• tes mains, ••• tes jambes, ••• étire-toi, • ouvre lentement les yeux • et, • joyeux/joyeuse et reposé(e), • reviens dans ton quotidien.

Annexe

SIGNIFICATION DES COULEURS

La couleur est énergie et émet des vibrations mesurables, qui ont une influence sur le corps animé, par l'intermédiaire des chakras et des couches de l'aura. L'homme a besoin de lumière et de couleur pour vivre. S'il y a déficit ou excès de couleur, le corps, l'âme et/ou l'esprit de l'homme connaissent un déséquilibre. Il peut en résulter des problèmes physiques et psychiques.

Aux différentes couleurs sont associées diverses propriétés correspondant à nos qualités humaines. La couleur, en tant que support d'information, peut avoir de l'influence sur notre bien-être par l'intermédiaire de notre œil. Inversement, le vêtement que nous portons reflète notre humeur du moment.

Pour les personnes clairvoyantes qui peuvent percevoir en couleur l'aura et les chakras en couleurs, ces couleurs fournissent des renseignements – notamment sur les propriétés actuelles, positives et négatives, de l'aura et des chakras – par leur luminosité, par leur combinaison avec d'autres couleurs ainsi que par leur pureté.

On travaille avec les couleurs, et pas seulement en médecine : la couleur joue aussi un grand rôle dans notre quotidien ordinaire. En matière de conseil relativement au style et à la couleur, on utilise les couleurs pour mettre en relief nos particularités afin de mieux valoriser l'être propre et de renforcer la conscience de soi. C'est ainsi qu'on choisit la couleur d'un vêtement en fonction de l'occasion. Si, dans notre culture, on portait du rouge à un enterrement, nul doute qu'on attirerait l'attention et qu'on provoquerait de l'agressivité de la part des personnes en deuil. Comme tout dans la vie, l'interprétation de la couleur réside ici dans l'œil du spectateur.

La question de la *couleur* est encore beaucoup plus vaste ; mais jetons un coup d'œil sur la signification des couleurs.

L'information sur les propriétés des couleurs, du point de vue du caractère, dépend de l'intensité de la couleur. Une couleur claire, saturée, lumineuse représente les qualités positives du caractère, tandis qu'une couleur terne, faible – de même qu'une couleur criarde, agressive – représente les qualités négatives de la personne.

Le rouge

Le rouge est la couleur du feu et du sang.

Propriétés positives du caractère

Le rouge attire l'attention, symbolise la vitalité et l'énergie, la force, la volonté, le courage, l'amour, la vigueur et signale des qualités de commandement. C'est une couleur de survie, elle avertit d'un danger.

Propriétés négatives du caractère

Le rouge signale l'agressivité, la rage, la colère, la haine, les sentiments de culpabilité et symbolise le besoin de dominer. Le rouge est la couleur du mensonge.

Mise en œuvre dans la thérapie par les couleurs

En cas de maladie du sang, de trouble de l'irrigation sanguine, d'affection du cœur, des poumons, des muscles et de la peau. En cas d'impuissance et de frigidité. Dans les états de faiblesse et de dépression. Le rouge apporte plus de vitalité, d'activité, d'ardeur au travail, de chaleur et d'énergie vitale.

L'orange

L'orange est la couleur du soleil couchant.

Propriétés positives du caractère

L'orange symbolise l'optimisme, la passion, le plaisir, la franchise, la sociabilité, la gaieté, la créativité, la joie et le bien-être.

Propriétés négatives du caractère

L'orange signale l'insouciance, le sans-gêne, le dévergondage et un manque de conscience de ses devoirs.

Mise en œuvre dans la thérapie par les couleurs

En cas de problème circulatoire (éventuellement à la place du rouge), de faiblesse rénale, de constipation, de crampes musculaires, de tensions, en cas de manque d'énergie. L'orange stimule l'appétit, fortifie le tissu pulmonaire, exerce une action stimulante sur les glandes. Il agit contre l'insatisfaction et l'hypocondrie. L'orange apporte plus de joie et exalte l'ambition. L'orange fait naître des idées et des concepts intellectuels.

Le jaune

Le jaune est la couleur du soleil. Il symbolise la croissance à la lumière estivale et la maturation à la lumière automnale.

Propriétés positives du caractère

Le jaune symbolise la joie de vivre, la gaieté, la confiance en soi et dans les autres, le savoir acquis, la sagesse, la raison, la logique, la perspicacité, la légèreté et la vivacité intellectuelle.

Propriétés négatives du caractère

Le jaune signale la tromperie, le désir de vengeance, le pessimisme, l'égoïsme, l'avarice et l'envie.

Mise en œuvre dans la thérapie par les couleurs

Le jaune stimule et fortifie les nerfs, soutient l'estomac, l'intestin, la vessie et la rate. Il aide en cas de flatulences, de constipation, d'allergie, d'affections hépatiques, de diabète, en cas de calculs biliaires et d'asthme. Il stimule le plaisir d'apprendre et d'étudier, facilite la compréhension et exerce une action globalement stimulante.

Le vert

Le vert est la couleur de la nature, des prairies et des forêts ; il est également la couleur du nouveau départ, du réveil de la vie au printemps.

Propriétés positives du caractère

Le vert est la couleur de la générosité, de l'harmonie, de l'espoir, du renouvellement, de l'équilibre intérieur, de la décontraction, de la constance, de la persévérance et de la fidélité. Le vert symbolise le nouveau départ (l'inexpérience également).

Propriétés négatives du caractère

Le vert signifie envie, indifférence, stagnation, fatigue, dépendance émotionnelle, émotions contradictoires, vampirisme émotionnel, jalousie injustifiée et soif de domination.

Mise en œuvre dans la thérapie par les couleurs

Le vert aide en cas d'asthme, de troubles du sommeil ; il fortifie le système nerveux, aide en cas de problème cardiaque, d'hypertension artérielle et il est mis en œuvre en cas de tumeurs. Il aide en cas de fatigue, de problèmes nerveux, de stress et de conception négative de la vie. Il apporte plus de décontraction, crée la confiance, aide à lâcher prise et exerce une action tranquillisante et relaxante.

Le bleu ciel ou le bleu turquoise

Le bleu ciel/turquoise est la couleur du ciel et de la mer par une belle journée d'été.

Propriétés positives du caractère

Le bleu ciel/turquoise confère la vigilance, la conscience, la clarté, l'ouverture d'esprit, la liberté d'esprit, la sociabilité et le calme. Il symbolise l'infini.

Propriétés négatives du caractère

Le bleu ciel/turquoise refroidit et distancie ; il confère un sentiment de vacuité et d'abandon (solitude).

Le rose

Le rose est la couleur du cœur.

Propriétés positives du caractère

Cette couleur permet d'autoriser l'amour, de recevoir et de donner de l'amour. Le rose est la couleur de l'amour du prochain, de l'idéalisme, de la gratitude, de l'engagement, de l'ordre, de la sympathie et de la pacification ; il symbolise la réconciliation et l'harmonie intérieure.

Propriétés négatives du caractère

Il est aussi la couleur du snobisme, de l'arrogance, de la domination, de l'égoïsme, de la vanité, de la dépendance émotionnelle et de la soumission.

Le bleu foncé/bleu roi

Le bleu foncé/bleu roi est la couleur du ciel et de l'eau par une merveilleuse nuit d'été.

Propriétés positives du caractère

Ce bleu est la couleur du calme, de l'intuition, de la fidélité au devoir, de la protection, de la beauté, de la nostalgie, de la compréhension, de l'exploration, de la loyauté, de la sociabilité, de l'intérêt profond, de l'expression de soi, de la fiabilité, de la vérité, de la science et du développement. Il est en relation avec le subconscient.

Propriétés négatives du caractère

Il symbolise aussi la rêverie irréaliste, la négligence, la mélancolie, la curiosité, l'indifférence affective et la rigidité.

Mise en œuvre dans la thérapie par les couleurs

Il est mis en œuvre en cas d'eczéma, de migraine, de pellicules, de troubles cardiaques d'origine nerveuse, d'hyperthyroïdie, de maux de gorge, de brûlures, d'inflammation de la mâchoire et d'autres inflammations. Il a une action tranquillisante, antalgique, rafraîchissante et somnifère.

Le violet

Le violet est la couleur de la mystique et de la magie.

Propriétés positives du caractère

Le violet est le symbole de l'inspiration, de la spiritualité, de la paix intérieure, de la piété, de la foi, de la contrition, du sacrifice et de la concentration.

Propriétés négatives du caractère

Le violet signale la fierté, l'arrogance, l'immoralité, la rêverie irréaliste et les illusions.

Mise en œuvre dans la thérapie par les couleurs

En cas d'affections des yeux, du nez, des oreilles ; en cas de diarrhée, de troubles intestinaux, de troubles nerveux et d'état d'épuisement psychique. Le violet apporte plus de paix intérieure, stimule sur le plan psychique, influence les sens et renforce la méditation.

Le blanc

Le blanc est la couleur de la neige et de la glace. La couleur de la lumière !

Propriétés positives du caractère

Le blanc est la pureté, la clarté, l'innocence, le calme souverain, la sécurité absolue, la paix universelle, la sublimité, la clarification, la perfection et l'inspiration supérieure.

Propriétés négatives du caractère

Le blanc symbolise l'éloignement, la sensiblerie, la froide réserve, l'inachevé, la stagnation, la solitude.

Le gris

Le gris est la couleur du ciel nuageux par une journée maussade.

Propriétés positives du caractère

Le gris symbolise la neutralité, la discrétion et la conciliation.

Propriétés négatives du caractère

Le gris signale l'ennui, la monotonie, l'incertitude, la peur de la vie, la dissimulation, le camouflage et la passivité.

Le marron

Le marron est la couleur de la terre.

Propriétés positives du caractère

Le marron signifie enracinement, humilité, équilibre, intimité, sécurité, fiabilité, raison, polyvalence, humour.

Propriétés négatives du caractère

Le marron reflète aussi l'attitude de tout vouloir retenir, de rejeter ce qui est nouveau. Il symbolise le désordre, la surcharge, le manque d'enthousiasme, l'irritabilité.

Le noir

Le noir est la couleur de l'absence de lumière.

Propriétés positives du caractère

Le noir symbolise la dignité, le prestige, la protection.

Propriétés négatives du caractère

Le noir signale la peur, les dépressions les plus profondes, la douleur et l'effrayant. Il peut aussi signifier que l'on se perd dans le deuil ou la tristesse.

Propriétés neutres du caractère

Le noir symbolise le deuil, le caractère irrévocable et insondable des choses ainsi que le mystérieux.

Bibliographie

Ingrid Auer, *49 Clés pour accéder au monde des anges*, Éditions Contre-dires, 2007.

Michael Gienger, *430 Pierres aux vertus thérapeutiques*, Guy Trédaniel Éditeur, 2007.

Remerciements

Je voudrais remercier ici tous les anges du ciel et de la terre qui m'ont inspirée pour ces méditations.

Tout d'abord, je voudrais remercier mes parents, qui m'ont assistée et soutenue. Je remercie ma Jetty, qui m'a donné l'exemple d'une vie consacrée à Marie, mère de Dieu. Merci aussi à mon neveu Andreas, qui m'a beaucoup aidée dans mes premiers pas avec l'ordinateur et qui m'a fourni de précieux renseignements sur les textes des méditations.

Un grand merci à l'équipe des éditions Kösel, à laquelle je suis redevable de la présence de mon livre entre vos mains. Mes remerciements cordiaux à M. Nonhoff, le directeur des éditions Kösel, qui m'a beaucoup inspirée, lors de nos conversations, pour remanier l'introduction de mon livre.

Enfin, *last but not least*, je voudrais remercier mon mari, Nikolaus. Il a dit un jour : « Ma femme me laisse faire mes expériences, et elle tend un filet au-dessous de moi afin que j'atterrisse en douceur. » Niko, je te remercie pour avoir tendu un filet au-dessous de moi pour que je puisse faire mes expériences, pour ne pas m'avoir laissée tomber pendant mes années difficiles et pour m'avoir toujours soutenue de ton amour. Je te remercie du fond du cœur !

Puissent les anges de Dieu vous accompagner sur votre chemin, et ainsi vous apporter la bénédiction de Dieu.

Maria W. M. Schmitt

Achevé d'imprimer par
l'Imprimerie France Quercy, 46090 Mercuès
N° d'impression : 20963A/ - Dépôt légal : mai 2012

« en collaboration avec la société AGM - 85770 Vix »

Imprimé en France